Vos plantes aromatiques

Le catalogue des ouvrages publiés par Terre Vivante
est disponible sur simple demande auprès de l'éditeur,
Terre Vivante, Domaine de Raud, 38711 Mens. Tél. 04 76 34 80 80.

Jérôme Goust

Vos plantes aromatiques

Terre Vivante

Photos de la couverture de Karin Mundt
Maquette de la couverture de Bernard Plageul
Dessins de Mary-Anne Kunkel
Mise en pages de Maxence Scherf

ISBN 2 904 082 45-X
ISSN 0764 020-X

PRÉFACE

Le sel de la vie

Ah ! les bonnes herbes que celles présentées dans ce livre aussi utile que pratique par mon ami Jérôme Goust. Que ferions-nous, en effet, sans ces "bonnes santés" dans notre assiette et dans nos pots ? Qu'on les nomme médicinales, aromatiques ou condimentaires, ces plantes "pas comme les autres" ont toutes les qualités, à commencer par celle de donner ce sel si précieux à la vie qu'est ce goût de nature que nous aimons tant.
Echappées des fameux "jardins à carreaux" des monastères, anoblies par un capitulaire de Charlemagne qui en ordonnait la culture et l'usage parmi quatre-vingt-treize plantes recensées dans un jardin digne de ce nom, ces plantes qui avaient noms ache, thym, bourrache, mélisse, ail ou panais sont la "chambre des dames" de nos cuisines contemporaines. Encore faut-il savoir les courtiser comme l'enseigne Jérôme Goust, avec savoir-faire et bonhomie, sans jamais se départir de ce qui fait tout leur prix : la culture au naturel. Plus que d'autres, en effet, ces nonnettes en robe de bure, habits de taffetas ou de satin, pourpoint de velours ou chausses de lin ont besoin de pureté et d'équilibre pour s'épanouir et mûrir dans nos jardins.
Jean-Marie Pelt, à qui on doit toujours se référer pour parler juste, ne dit-il pas : "S'il n'y avait plus de plantes? Eh bien ! nous ne serions pas là pour en parler. D'ailleurs nous ne serions même pas là du tout !" Alors, avant que le sel ne s'affadisse, que la rivière ne s'assèche, que la terre ne se brûle à je ne sais quels soleils artificiels, dépêchons-nous de cultiver avec ce livre bien fait notre jardin de vie et de santé... Un dicton de jardinier polonais affirme que lorsque l'absinthe fleurira ce sera la fin des hommes. Savez-vous comment se nomme cette plante en Russie? Tchernobyl. Heureusement, il n'y a pas de bonnes ou de mauvaises herbes mais plutôt des herbes dont les hommes ne savent pas encore se servir!

Michel Lis, le Jardinier

SOMMAIRE

AVERTISSEMENT DE L'ÉDITEUR

Plantes potagères, aromatiques, condimentaires, médicinales..., les frontières sont souvent floues entre ces différentes catégories. Ne sont traitées dans ce livre que les espèces couramment présentées comme aromatiques et regroupées comme telles dans le commerce des graines et des plants.
Elles ont en commun de n'être présentes dans les jardins qu'à un petit nombre d'exemplaires, et de n'être utilisées qu'en petites quantités ou occasionnellement.

Introduction

Bien que fort à la mode, et omniprésentes sur les étalages des jardineries ou dans les recettes des magazines, les plantes aromatiques restent méconnues. La plupart du temps, elles sont associées à une cuisine raffinée et... compliquée ! J'ai bien souvent entendu des jardiniers me dire (je suis producteur de plants) : « Je vous ai acheté des herbes, mais je n'ai pas le temps de les utiliser ! »

Certes, on ne fait pas tous les jours de la soupe au pistou ou de l'angélique confite. Mais n'oublions pas que des aromatiques sont d'abord des simples, dans toutes les acceptions du terme. Simples car faciles d'emploi dans la cuisine. Quelques pieds plantés à portée de la main et voilà le plat le plus ordinaire transformé : cerfeuil haché sur un potage prêt à servir (même sur une soupe en sachet !), quelques feuilles de basilic dans des pâtes, une branche d'estragon dans une volaille, un peu de ciboulette dans la salade... Difficile, cela ? Et quelle saveur !

Le mot « simple » est également synonyme de « plante médicinale ». Les plantes aromatiques sont les simples de l'hygiène quotidienne : brin de thym mâché au réveil en cas de mal de gorge, tisanes, etc.

En profitant de cette simplicité, vous redécouvrirez des usages et des gestes qui pendant des siècles ont joué un rôle dans nos sociétés. Il ne s'agit pas de nostalgie de ce « bon vieux temps », car justement les herbes soulageaient souvent d'une existence très dure, mais plutôt d'une démarche vers un quotidien plus écologique et plus agréable.

Il n'y a pas besoin de beaucoup de place pour cultiver des plantes aromatiques : quelques pots en appartement, une petite terrasse ou un balcon, un bout de cour ou de jardin suffisent. Et alors, à vous le plaisir des yeux, le plaisir de froisser les feuillages et de humer d'incomparables parfums ; le plaisir de cueillir des herbes fraîches et saines...

Ces herbes, vous pouvez bien sûr en acheter certaines en bocal ou en bouquet, prêtes à consommer. Mais pourquoi vous priver du plaisir de les produire vous-même ?

Sans compter que, à moins d'acheter des plantes de qualité biologique contrôlée, ces herbes que vous achèterez risquent d'avoir subi maints traitements chimiques, contre les mauvaises herbes, les insectes, les maladies, sans oublier les engrais chimiques !

Alors, pour que vos plantes soient parfaitement saines, cultivez-les selon les règles du jardinage biologique, sans engrais chimiques ni pesticides de synthèse. C'est le parti que nous avons pris dans ce livre.

Comment les faire pousser

Où cultiver les plantes aromatiques ?

Du rebord de la fenêtre jusqu'au plus grand potager, les plantes aromatiques peuvent trouver partout leur place.

APPARTEMENT
La plupart des plantes annuelles et un certain nombre de vivaces (voir tableau) peuvent pousser devant (ou derrière) une fenêtre. A l'intérieur, choisissez la pièce la moins chauffée et la moins sèche, les endroits éloignés des radiateurs et recevant le maximum de lumière naturelle.
Faites des arrosages légers mais assez fréquents. Vous pouvez utiliser des bacs à réserve d'eau, sauf pour les plantes demandant une terre sèche.
Ayez sous la main du compost (ou du lombricompost), et un engrais organique. Vous en ajouterez régulièrement une petite quantité au pied des plantes. Ne laissez jamais une plante devenir trop touffue ; les feuilles risqueraient de jaunir. Bref, respectez avec une vigilance particulière les conseils donnés plus loin pour chaque plante. Et n'oubliez pas qu'en pot, et plus encore en intérieur, une plante est exposée aux chocs de toutes sortes (thermique, hydrique, lumineux), et donc aux parasites et aux maladies.
Pour utiliser au maximum le faible espace dont vous disposez, tous les arrangements sont possibles, mais les étagères en escalier sont très pratiques. Vous y disposerez vos plantes en cascade, en plaçant certaines d'entre elles à l'ombre des autres, selon les exigences de chacune. Si vous souhaitez regrouper plusieurs plantes dans un même récipient ou dans un même coin, tenez compte de leurs caractéristiques : exposition, hauteur, écartement, appétit et soif... Ces renseignements sont donnés dans la seconde partie de cet ouvrage.

TERRASSE OU BALCON
Votre espace s'agrandit, mais vous ne disposez pas d'une vraie profondeur de terre : grands bacs, marmites, lessiveuses, baquets, etc. Vous pouvez tout cultiver, même les plantes les plus volumineuses, si vous leur accordez un grand volume aérien (angélique, consoude, bourrache) ou un grand volume de terre (ache de montagne, raifort). Il vous faudra apporter régulièrement du compost ou de l'engrais, changer la terre tous les ans et éclaircir les pieds touffus.
En plein soleil, contre un mur ou derrière une vitre, disposez vos plantes de manière à ce que celles qui supportent soleil, chaleur et sécheresse (romarin, sarriette, thym...) fassent un peu d'ombre à celles qui sont plus fragiles (persil, ciboulette, estragon, menthes...).

VÉRANDA
Vos plants y seront à l'abri tout en bénéficiant pleinement de la lumière naturelle. Revers de la médaille, la chaleur excessive qui y règne par-

fois favorise les pucerons, les mouches blanches des serres et autres ravageurs. Même en hiver, assurez une bonne aération, et prévoyez des voiles d'ombrage, au moins sous (ou sur) la toiture.

PETITE COUR, PETIT JARDIN

Vous disposez de quelques mètres carrés de pleine terre. Ce petit coin peut devenir une parcelle de rêve. Les plantes aromatiques savent alors devenir ornementales. Leurs feuillages de formes et de couleurs variées déclinent la gamme des verts, du vert laiteux de l'absinthe au vert bouteille du romarin. Leurs floraisons sont également intéressantes : fleurs jaunes de la tanaisie, gamme de rose et de violet des Labiées... Tout cela peut se mêler avantageusement à vos rosiers ou à vos vivaces ornementales.

Sur le plan esthétique, vous pourrez tirer profit des dalles ou des pavés, mais attention aux excès de chaleur ou au manque de terre : le petit pied de thym que vous trouvez si joli dans la garrigue a mis un nombre respectable d'années à pousser dans la rocaille ! L'idéal est de disposer de plusieurs expositions : une partie au soleil pour les plantes de garrigue, une autre exposée au soleil levant pour celles qui craignent les surchauffes, et, dans le Midi, un coin à l'ombre.

Et n'oubliez pas que vous faites de vos plantes un usage quotidien. Mieux vaut les disposer en petits carrés ou en bordures le long des allées, à proximité de la cuisine. Réservez quelques parfums choisis à votre lieu de sieste préféré !

GRANDS ESPACES

L'avantage est que vous y avez souvent le choix de l'exposition. Mais l'exposition propice à chaque plante ne s'appréciera pas de la même façon à Perpignan, à Rennes ou à Strasbourg. La menthe préférera le soleil en Normandie et... l'ombre dans le Tarn. Le thym arrivera à pousser légèrement à l'ombre dans le Midi, alors qu'il exigera le plein soleil dans le Nord. Attention aux murs plein sud abrités des vents : la température peut y être insupportable, même pour une plante de garrigue. Dans les régions chaudes, vous avez intérêt à choisir un emplacement bien éclairé (sans ombre) mais exposé est ou ouest, voire nord. Mettre toutes les aromatiques au potager n'est pas toujours la meilleure solution si celui-ci n'est pas tout près de la maison. Si votre propriété est assez grande, les aromatiques peuvent s'intégrer dans

TELLE FEUILLE, TEL CLIMAT

La feuille en dit long sur le climat préféré de la plante. Les plantes de grand soleil ou de terre sèche ont des feuilles plus dures, plus sèches, moins turgescentes que les autres. Voyez le romarin, le laurier, la sarriette vivace, l'hysope, la lavande, le thym d'été, la verveine citronnelle...

Par contre, les plantes d'ombre ou de climat frais ont des feuilles plus tendres, plus charnues, la plupart du temps d'un vert franc : menthe, estragon, ache de montagne, raifort, ciboule, ciboulette, mélisse, pimprenelle, origan.

La différence est frappante lorsqu'on prend des plantes voisines. Le thym d'été a un feuillage vert laiteux constitué d'aiguilles coriaces, alors que le thym d'hiver a des feuilles vert foncé et tendres. La marjolaine, méditerranéenne a de petites feuilles vert glauque ; son cousin l'origan, commun dans presque toute la France, a des feuilles plus grandes, plus charnues et vert foncé. On explique ces différences par le fait qu'un feuillage fin résiste mieux aux grandes chaleurs et à la sécheresse qu'un feuillage développé.

OÙ CULTIVER LES PLANTES AROMATIQUES

PEUVENT ETRE CULTIVÉES EN POTS	PEUVENT ETRE CULTIVÉES SUR TERRASSE (TRES GRANDS POTS)	EN PLEINE TERRE EXCLUSIVEMENT
Aneth	Absinthe (E)	Angélique (E)
Anis vert	Ache de montagne (E)	Cerfeuil vivace (E)
Basilic	Balsamite	Consoude
Cerfeuil commun	Bourrache	Fenouil
Carvi	Camomille romaine	Raifort (E)
Ciboule	Capucine(E)	Réglisse
Ciboulette	Laurier-sauce (E)	
Coriandre	Mélisse citronnelle (E)	
Cresson alénois	Piment	
Cumin	Pimprenelle	
Estragon	Roquette	
Hysope(E)	Rue	
Lavande(E)	Tanaisie	
Marjolaine		
Menthe		
Origan		
Parcel		
Persil		
Sarriette		
Sauge(E)		
Serpolet		
Thym ordinaire		
Thym citron		
Verveine citronnelle(E)		

E : plante encombrante, pouvant dépasser 1 m de largeur et/ou de hauteur, et/ou possédant des racines particulièrement développées.

Qui peut le moins peut le plus : toute plante poussant en pot pourra également être installée sur une terrasse ou en pleine terre... pour peu que le climat lui convienne.

des massifs ou des haies, en particulier les Labiées avec leur feuillage persistant.

Quant aux quantités à planter, il n'y a pas de norme puisque c'est essentiellement affaire de goût.

Pour les plantes que vous ne connaissez ou n'utilisez pas encore, vous commencerez par en planter un pied (pour les vivaces) ou deux (annuelles et bisannuelles). Vos papilles gustatives opéreront ensuite leur sélection...

CULTURE EN POT : QUELS RÉCIPIENTS CHOISIR ?

« Qu'importe le flacon pourvu qu'on ait l'ivresse ? » Ce proverbe pourrait s'appliquer ici. Traditionnellement, les cours et balcons ont toujours offert un spectacle hétéroclite. La plupart des récipients y terminaient leurs carrières comme pots de fleurs. Des casseroles percées aux tonneaux, des vieux bidons aux caisses récupérées, tout était bon pour planter... Et

comme le savoir-faire donnait une belle végétation, ce système (si écologique) de récupération était mis en valeur par la beauté des cultures.
La plupart des matériaux sont acceptables ; leur choix est une question de goût personnel. Vous devrez surtout faire attention à la taille des récipients, en tenant compte :
- de la vitesse de croissance, qui est plus forte chez les annuelles et bisannuelles que chez les vivaces (ces dernières étant rempotables chaque année). Mettez les premières dans des pots assez grands : c'est-à-dire de 16 cm de diamètre pour le basilic, le persil, le cerfeuil (minimum 13 cm). Une plante à l'étroit souffrira ; elle se développera moins et montera plus vite à graines. Pour les jardinières, tenez compte des écartements indiqués dans la seconde partie de ce livre ;
- des besoins en eau des plantes : les bacs à réserve d'eau sont à réserver aux plantes les plus assoiffées.

Terres et terreaux

Chaque plante aromatique a ses goûts propres en matière de terre. Aucune n'aime les terres très argileuses, franchement collantes. Les annuelles aux tiges tendres risquent d'y pourrir, et les vivaces ne peuvent y déployer leurs racines. Si votre sol est lourd, faites démarrer les premières en pots avec un terreau allégé avant de les planter en pleine terre. Quant aux secondes, installez-les dans un coin dont vous aurez allégé le sol. En revanche, certaines plantes redoutent les sols légers et pauvres, où l'on observe des montées à graines prématurées. C'est le cas de la plupart des annuelles.
Pour vos « coins d'herbes », vous aurez besoin de trois sortes de terres :
- une rocaille pour les plantes les plus frugales, qui apprécieront les cailloux et l'absence de fumure ;
- une terre modérément fertile et bien drainée pour les plantes sobres ;
- une bonne terre de jardin pour les espèces les plus exigeantes.
Ces terrains-types, il est assez rare de les avoir tous à portée de la main. Il vous faudra donc probablement modifier votre sol.

COMMENT AÉRER UN SOL LOURD

Pour aérer une terre très collante, utilisez des cailloux de toutes formes et de toutes tailles. Si votre terrain est en pente, si faible soit celle-ci, faites un trou ou un fossé en biseau et remplissez-le d'un mélange de terre et de cailloux, en ajoutant éventuellement du compost ou du terreau si vous voulez y implanter des plantes gourmandes. Si votre terrain est plat, faites vos trous de plantation et remplissez pareillement, mais en formant de petites buttes afin que la base des tiges et le départ des racines ne baignent jamais dans l'eau.
Cette technique ne peut être utilisée que pour les vivaces. Pour les cultures annuelles, on pourra mélanger du sable à la terre, et surtout travailler le sol en profondeur et pailler (voir plus loin).

COMMENT AMÉLIORER UN SOL LÉGER

Vous pouvez apporter plusieurs kilos de terre argileuse (à plus de 40 % d'argile) sur chaque mètre carré. L'argile permettra une meilleure fixation de l'humus et un rééquilibrage progressif du sol si celui-ci est trop acide, trop salé ou trop calcaire. Là encore, le paillage est un des moyens de pallier partiellement les défauts du sol.

COMPOSTS ET TERREAUX

L'essor du jardinage de loisir a fait apparaître sur le marché toute une gamme de matières organiques : composts, terreaux, terres de bruyère, tourbes...

La confusion règne entre ces produits, souvent aggravée par l'absence de vendeurs compétents. Le résultat est parfois désastreux : au lieu d'améliorer le sol et de favoriser le développement des plantes, ces produits mal utilisés provoquent des déséquilibres, par carences ou excès. Mieux vaut donc savoir exactement ce qu'on achète.

Ne confondez pas :

- les engrais et amendements (compost, lombricompost, engrais organiques,...), qui sont là pour améliorer le sol et nourrir la plante ;
- et les « substrats de culture » (terreaux, terres de bruyère, tourbes complémentées), qui ont pour vocation de remplacer la terre et de nourrir les plantes (pendant un temps limité).

Les tourbes brutes et les terres de bruyère sont des produits acides à réserver uniquement à certaines plantes (rhododendron, bruyère...).

Les terreaux sont des mélanges de plusieurs types de produits :

- des produits « de structure », à décomposition très lente, qui jouent un rôle physique et remplacent la partie minérale de la terre. Il s'agit presque toujours de tourbe, représentant 80 à 90 % du volume total ;
- des produits neutralisants pour atténuer l'acidité de la tourbe : calcaire, chaux, dolomie, etc., à la dose de quelques pour-cent ;
- des substances nutritives, qui assureront pendant quelques semaines (mais guère plus, sauf plantes très sobres) l'alimentation de la plante ; il peut s'agir de compost (à la dose de 15 à 25 %), d'engrais organiques (5 à 10 %), ou d'engrais chimiques (1 à 5 %).

Vous trouverez dans le commerce des terreaux sous toutes sortes d'appellations : « de rempotage », « universel », « complet », « prêt à planter », etc. Ces dénominations n'apportent aucune garantie. Méfiez-vous en particulier des terreaux en « promotion ». Les seules informations à lire avec attention sont celles de l'étiquette.

CE QUE L'ON DOIT LIRE SUR UN SAC DE TERREAU

- La référence à la norme NF 44 551, qui définit des critères légaux du produit en question.
- Le rapport matière organique sur azote : il doit être inférieur à 40 (soit C/N inférieur à 20, C étant la teneur en carbone et N la teneur en azote).
- La nature des produits végétaux d'origine. Si le terreau contient des écorces broyées, mieux vaut qu'elles aient été préalablement compostées.
- La matière sèche en % du produit brut. Celui-ci ne doit pas être trop riche en eau : 50 % est un maximum à ne pas dépasser.
- La matière organique en % du produit brut (au moins 10 %).
- Le pH, qui donne une mesure de l'acidité, doit être situé idéalement entre 5,8 et 7.
- La résistivité, qui doit être élevée (400 à 1 500), sinon il y a risque de toxicité pour la plante.
- La capacité de rétention en eau : au moins 50 % du volume du substrat.
- Le poids ou le volume net.

Les professionnels distinguent trois catégories de terreaux :
1) les terreaux de semis, relativement peu riches, aérés (grâce à l'adjonction de sable ou de poudre de roche) ;
2) les terreaux à mottes, dont la principale utilisation est la production de plants en mottes ;
3) les terreaux de rempotage, relativement riches, pour la culture en pots.
Recherchez ces mentions sur les emballages. Les terreaux à mottes ne sont pas disponibles dans le commerce du jardinage et concernent principalement les professionnels.
Avant d'acheter, manipulez le sac. A travers l'emballage vous devez sentir une matière souple, en particulier lorsque vous le saisissez par les deux extrémités. Si le contenu a l'air d'une galette compacte, méfiance : tassé lors du stockage, soumis alternativement à la pluie et au soleil, ce terreau risque d'avoir une mauvaise structure.

Si vous pouvez examiner le terreau lui-même, celui-ci ne doit pas présenter de fibres ; il ne doit pas (ou très peu) sentir l'ammoniac ; il doit avoir une structure grumeleuse, sans coller ni former de blocs lorsque vous le pressez dans la main. Il faut savoir que les terreaux « prêts à planter » sont conçus pour nourrir une plante moyenne pendant 4 à 6 semaines ; seules les plus frugales peuvent s'y développer une saison entière sans fertilisation complémentaire.

Semis, plantation, multiplication

Comme les autres plantes, les aromatiques peuvent être divisées en grands groupes selon leur cycle de développement.
1) Les annuelles : elles fleurissent l'année du semis (à condition qu'on les ait semées assez tôt). Elles sont souvent délicates à faire pousser lorsqu'on veut récolter des feuilles : le moindre coup de froid tardif, la moindre sécheresse, les font monter à graines.
2) Les bisannuelles : elles fleurissent l'année qui suit celle du semis, après qu'elles aient subi le froid et les longues nuits d'hiver. Mais attention, un coup de froid prématuré peut leur faire l'effet d'un petit hiver... et les faire fleurir dès la première année ! Vous veillerez donc à ne pas les semer trop tôt et, éventuellement, à les protéger.
3) Les vivaces : elles fleurissent plusieurs années de suite. Comme elles sont originaires de milieux divers, il convient de tenir compte de leur degré de résistance au froid et de leurs exigences en matière de sol, de lumière et de chaleur.

Les plantes peuvent se reproduire soit par multiplication « sexuée » (par graines), soit par multiplication végétative (lorsqu'un morceau d'une plante peut redonner un nouvel individu). La multiplication végétative est obligatoire pour les plantes stériles. On fait alors des boutures (verveine citronnelle), des éclats de touffe (camomille romaine, estragon, raifort), ou les deux au choix (thym citron).
La multiplication végétative est conseillée lorsque le semis est aléatoire ou la graine rare, ou si l'on n'a besoin que d'un petit nombre de plants.
On a le choix entre multiplication végétative et multiplication par graines pour l'hysope, la sauge, l'origan, la sarriette vivace, le serpolet, le thym commun, le laurier-sauce. Certaines espèces se multiplient facilement et poussent plus vite par division de touffe (éclats), mais si vous n'en avez pas sous la main, elles se sèment très bien : ache , ciboule et ciboulette.

HALTE À LA TRANSPLANTATION DE PIEDS SAUVAGES !

Il est bien tentant, en vacances ou en balade, d'arracher par exemple un pied de thym ou de romarin dans la garrigue pour le replanter chez soi. Mais cela se solde souvent par un échec, du fait d'un arrachage ou d'un transport réalisés dans de mauvaises conditions, d'un nouveau sol inadéquat... En dehors de ces problèmes techniques, ces prélèvements sauvages représentent une catastrophe écologique. Que d'espèces rares peuvent ainsi disparaître en bouquets et potées éphémères ! Cette cueillette est d'ailleurs interdite dans de nombreux parcs naturels, et partout pour certaines espèces protégées.

Le semis concerne principalement les plantes annuelles ou bisannuelles et la marjolaine.

Beaucoup de vivaces ont la faculté de se propager :

- en émettant des tiges rampantes (stolons) dont les fragments peuvent servir à la multiplication (cas des menthes) ;
- en formant des rejets à la périphérie de la touffe ; on peut alors prélever un morceau comprenant un morceau de racine et un bourgeon (ache de montagne, balsamite, raifort, mélisse, cerfeuil vivace, absinthe, tanaisie, origan, sauge) ;
- en formant des caïeux (petits bulbes) : ciboule et ciboulette ;
- par marcottage : les tiges feuillées touchant la terre émettent des racines ; les tronçons bien racinés peuvent être séparés du pied-mère (sevrage) puis transplantés ; on peut provoquer le marcottage chez la plupart des plantes à tiges boisées en maintenant une branche en contact avec la terre. Le marcottage concerne les thyms, la sarriette vivace, la camomille romaine, le serpolet.

SEMIS

Pour germer, les graines ont besoin d'humidité, de chaleur et, selon le cas, d'ombre ou de lumière. La plupart peuvent être semées directement en pleine terre dans votre jardin, mais en les semant à l'abri dans des récipients, vous récolterez plus tôt dans la saison, et éviterez du même coup les coups de froid tardifs et les désherbages fastidieux.

On lit parfois qu'une graine doit être recouverte de x fois son épaisseur de terre (ou de terreau) pour germer dans de bonnes conditions. Il ne s'agit là, bien sûr, que d'une image, car il est exclu d'appliquer strictement cette règle, les graines s'enfonçant plus ou moins après le semis.

Les graines les plus fines – dans 1 gramme il y a 11 500 graines d'absinthe, 4 000 graines de marjolaine, 3 000 graines de sarriette... – ne doivent pas être recouvertes mais juste tassées sur le substrat de façon à pouvoir en absorber

DURÉE MOYENNE DE LA LEVÉE DES GRAINES DE PLANTES AROMATIQUES (EN JOURS)

	INTÉRIEUR	PLEINE TERRE
Ache de montagne	11	21
Basilic	4	7
Bourrache	4	14
Capucine	7	21
Cerfeuil	7	14
Ciboulette	5	14
Cresson alénois	2	4
Marjolaine	3	7
Mélisse	7	28
Origan	10	28
Persil	9	29
Pimprenelle	4	14
Romarin	14	30
Sarriette	5	12
Sauge	5	14
Thym	5	10

l'humidité. Pour éviter qu'elles ne se dessèchent, on couvre le semis de verre ou de plastique transparent.
Certaines espèces (marquées L sur le tableau) ont besoin de lumière pour germer. Vous les recouvrirez à peine et placerez le semis à la lumière.

Semis en bacs : il s'agit de récipients plats, profonds de 5 à 8 cm et percés au fond pour permettre l'écoulement de l'eau. Remplissez-les de terreau additionné de 10 à 20 % de sable, puis semez. Vous repiquerez plus tard, à racines nues, les plants obtenus. Ce type de semis convient aux vivaces (sauf marjolaine, ciboule et ciboulette), aux espèces à graines très fines et à l'angélique.

Semis en godets : il concerne les plantes qui redoutent le repiquage à racines nues, comme la marjolaine, la ciboule et la ciboulette, les annuelles et les bisannuelles (qui risquent la montée à graines).
En godets (ronds ou carrés) de 7 à 10 cm, vous mettrez :
- 1 graine par godet : bourrache, capucine ;
- 4 ou 5 graines par godet : aneth, anis vert, cerfeuil, carvi, cumin, fenouil, persil, parcel ;
- 8 à 10 graines par godet : marjolaine et sarriette annuelle (éclaircir ensuite à 2 plants), ciboule et ciboulette.

En petits godets ou pots de petits suisses (percés au fond) :
- 1 graine par pot pour le basilic ;
- 3 ou 4 graines pour la roquette.

Pour réussir vos semis, utilisez un mélange aéré et maintenez celui-ci humide. Il ne doit pas se former d'agrégats spongieux.
Semez clair : le semis idéal est celui où les graines ne se touchent pas et sont espacées de quelques millimètres, pour les plus fines, à 2-3 cm pour les plus grosses. Un semis qui lève comme un gazon donnera un résultat désastreux. Les plantules mal aérées formeront un milieu favorable au développement de champignons qui feront pourrir les jeunes tiges (fonte des semis) ; les plants trop serrés deviendront des sujets frêles... L'idéal est de semer graine à graine, en utilisant une pince à épiler ou en semant « au carton ». Pour cela, pliez en deux une fiche de bristol dans laquelle vous mettrez un peu de graines. En maintenant le carton très légèrement incliné sur votre récipient de semis, tapotez l'extrémité inférieure de façon à faire tomber les graines une par une, en ligne dans les terrines, séparées les unes des autres dans les godets.
Si un semis lève trop serré, éclaircissez-le le plus tôt possible de telle manière que les plantes ne se touchent pas (3 à 5 cm). Vous obtiendrez ainsi des plants trapus.

Pour réguler l'humidité et la chaleur, vous pouvez utiliser un voile non-tissé du commerce ; il suffit de le poser sur le semis et de ne le retirer que pour arroser. Vous l'enlèverez après la levée.
Un certain nombre de plantes aromatiques (voir plus loin) doivent être semées à des températures supérieures aux « normales saisonnières » de la météo, c'est-à-dire dans une fourchette de 12 à 22 °C minimum, ce qui correspondrait à des semis de plein air très tardifs. Vous choisirez donc un emplacement à température régulière, éclairé moyennement (ni cave, ni baie vitrée en plein soleil). Dès que la levée est assurée, endurcissez les plants en assurant un passage progressif à la température de plein air. Les semis peuvent ainsi passer à une température de 8 à 10 °C en une dizaine de jours. Naturellement, plus le semis est précoce, plus il aura besoin d'être maintenu au chaud longtemps. Evitez tout changement

LES GRAINES DE PLANTES AROMATIQUES					
ESPÈCES	NOMBRE DE GRAINES PAR GRAMME	FACULTÉ GERMINATIVE (ANNÉES)	T°(1) °C	GERMINATION LUMIÈRE	DÉLAI MAXIMUM LÉGAL (JOURS)
Absinthe	11 500	4	25		10
Ache de montagne	300	3	20		26
Aneth	900	2-3	20		26
Angélique	170	1 max.			20
Anis vert	170	2			26
Basilic	800	8	20	L	26
Bourrache	65	8	20		16
Carvi	350	3	20		16
Cerfeuil	450	3	20		16
Cerfeuil vivace	40	1 max	20		6-7 mois
Ciboule	300	3	20		16
Ciboulette	300	3	20		16
Coriandre	90	5	15		10
Cresson alénois	450	5	20	L	10
Fenouil	200	4	25		16
Hysope	850	3			26
Lavande	5	20			26
Marjolaine	4 000	3	20	L	16
Mélisse	200	4	20		26
Origan	1 000	5	20		16
Oseille	450	2	20	L	10
Persil	600	6	20	L	26
Piment	150	2	25	L	16
Pimprenelle	150				
Rhubarbe	50	2	20		26
Romarin	900	3	20		26
Roquette	550	4	15		10
Rue		4			16
Sarriette annuelle	1 500	3	25	L	16
Sarriette vivace	2 500	3	20	L	16
Sauge	250	3	20		26
Thym	6 000	3	15		16

L : lumière indispensable à la germination

(1) Température des tests officiels de germination, assurant une levée très rapide mais risquant de provoquer un étiolement des plantules. Adopter de préférence des températures plus basses (voir p. 18 et 20).

brusque de température, d'humidité ou de lumière.

Les températures optimales de semis sont de 16 à 18 °C pour le basilic, 13 à 15 °C pour la sarriette et la marjolaine, 10 à 12 °C pour les autres.

Pour être homogène, un semis doit sortir vite. Dès que les plantules apparaissent, il leur faut la pleine lumière.

LA STRATIFICATION

Certaines graines germent difficilement, ou de façon aléatoire. Il faut les aider à sortir de leur « dormance » (état léthargique). Pour cela, on peut pratiquer la « stratification », vers novembre-décembre, en exposant les graines au froid hivernal. Le plus simple est de préparer, en bacs ou en godets, un semis « normal » et de le placer à l'extérieur, exposé au nord, éventuellement protégé des rongeurs par un couvercle. Le terreau doit être à peine humide. A la fin de l'hiver, en février ou mars, vous rentrerez ces semis pour hâter la germination.

Cette technique est intéressante pour les plantes suivantes : lavande, romarin, mélisse, hysope, angélique, laurier-sauce, cerfeuil tubéreux, cerfeuil vivace, rue.

LA LUNE

La pleine lune est particulièrement favorable à la floraison ; c'est souvent après une nuit de pleine lune bien dégagée que les jardiniers voient leurs belles laitues monter à graines !

Pour vos semis, repiquages et rempotages, mieux vaut les faire la semaine avant la nouvelle lune, que l'on appelle lune vieille dans de nombreuses régions. C'est particulièrement important pour les plantes dont on consomme les feuilles ou les racines, et pour toutes les plantes annuelles.

L'agriculture bio-dynamique prend en compte la position de la lune par rapport aux constellations du zodiaque, déterminant ainsi des jours à dominante « feuilles », « fleurs », « racines » ou « grains-fruits ». Chaque plante est alors semée, plantée, etc. les jours les plus favorables à l'organe qu'elle doit plus particulièrement développer(1).

(1) Note de l'éditeur : Terre Vivante édite chaque année un *Agenda du jardinier* qui donne toutes les indications utiles.

REPIQUAGE, REMPOTAGE ET PLANTATION

Il s'agit de donner plus d'espace à la plante pour lui assurer un développement harmonieux, en la mettant dans un récipient plus grand ou en l'installant en pleine terre.

Pour les semis en godets, pas de problème : les plants ont développé des racines dans le pot en formant une motte, et le changement se fera sans traumatisme.

L'opération est plus délicate lorsque la transplantation s'effectue à racines nues (on parle aussi de plants « à l'arrachée »), c'est-à-dire que la plante est prélevée avec très peu de terre et en amputant le système racinaire. C'est le cas lors du repiquage de semis en terrines, du rempotage de boutures ou de la transplantation de pieds sauvages. Dans tous ces cas, il faudra ombrer les plants repiqués tant qu'ils ne se seront pas redressés ; carton, tuiles, planches, cagettes, etc. peuvent faire l'affaire. Par grand soleil, la protection sera maintenue 2 ou 3 jours après le redressement de la plante. Là aussi le voile non-tissé peut être utilisé, car il assure une excellente reprise et un bon éclairement.

Pour les semis en terrines (ou bacs), l'idéal est de repiquer chaque jeune plant dans un godet afin de le renforcer ; lorsqu'il aura bien repris, et si les conditions climatiques le permettent, vous pourrez l'installer en pleine terre.

Prévoyez des pots assez grands (8-10 cm pour le repiquage) ; vos plants continueront à s'y développer même si une météo capricieuse retarde leur plantation. Vous les sortirez, même en les laissant en pots, dès que la température le permettra. Si vous plantez à racines nues, ombrez jusqu'à ce que la reprise soit visible.
Pour vos cultures en pots, n'hésitez pas à prendre des récipients assez grands (15-20 cm minimum) dès le départ, pour ne pas avoir à en changer en cours de saison.

ACHETER DES PLANTS

Dans le cas d'un petit jardin, d'un balcon, d'une terrasse, d'une résidence secondaire, ou si vous n'avez guère de temps à consacrer au jardinage, le plus simple est d'acheter des herbes aromatiques prêtes à planter. Au moment de réaliser votre achat, sachez distinguer le meilleur du pire.

Commencez par vérifier que la plante correspond bien au nom indiqué. Les confusions classiques : origan et marjolaine ; estragon de Russie (sans aucun goût) vendu pour de l'estragon vrai ; variétés de menthes mélangées ; méli-mélo de thym et de serpolet ; verveine officinale et verveine citronnelle ; basilic fin et basilic nain compact, etc. Les dénominations botaniques ne coïncident pas toujours avec les appellations populaires, culinaires ou médicinales, et certains vendeurs sont forts incompétents en la matière. Pour vous aider, vous trouverez dans la seconde partie, pour chaque espèce, à la fois le nom latin (seule appellation internationalement reconnue), des dessins et les principaux signes distinctifs (odeur, forme et couleur des fleurs et des feuilles).
Examinez les plants qui vous sont proposés. En début de saison, attention aux « trop beaux » plants, au feuillage luxuriant et vert pomme, souvent juste sortis de serres chauffées, et poussés aux engrais. Une plante en plein développement dès le mois de mars, cela n'est guère conforme aux cycles naturels, et cette belle apparence risque d'être de courte durée.
Vérifiez l'enracinement, pour être sûr de ne pas acheter... un bout de bois. Mais ne faites pas l'erreur de certains qui croient vérifier l'enracinement en secouant la tige dans tous les sens au risque de casser les racines. Si c'est possible ; dépotez le plant (ou demandez au vendeur de le faire) sans brusquerie, en maintenant la (ou les) tige(s) entre vos doigts ; retournez le pot et tapez-le d'un petit coup sec sur un matériau dur (bord de table par exemple), la motte viendra d'un coup sans risque pour les racines. On doit voir à la surface de la motte à la fois des racines et la terre.
En pleine saison, une fois les dernières gelées passées, les plants doivent venir du plein air – ou d'un abri ouvert – et non d'un local chauffé. Interrogez le vendeur. L'idéal est d'acheter ses plants à un producteur (si possible « biologique »), sur le marché ou sur l'exploitation. Attention, certains font aussi de la revente.
En magasin, évitez d'acheter des plants exposés à l'intérieur, sur une étagère, entre des arrosoirs et des outils de jardin, qui passent les nuits et les jours de fermeture sans lumière. Préférez les magasins ayant une surface d'exposition permanente à l'extérieur et sous abri transparent.

L'achat par correspondance doit se faire en début de saison, avant que les plantes soient en pleine végétation, c'est-à-dire entre février et mai selon les espèces et les régions ; une plante qui voyagerait en période de croissance souffrirait du manque de lumière et des manipulations.

Entretien

L'ARROSAGE

Si la plante manque d'eau, cela va perturber son développement et risque d'entraîner une floraison prématurée. La floraison est parfois un moyen de défense qui permet aux végétaux d'assurer la survie de leur espèce en formant vite des graines avant de mourir de soif ; beaucoup d'espèces de climat aride ont un cycle extrêmement rapide, et arrivent ainsi à se développer et à se multiplier avec une saison humide très courte. En ce qui concerne les plantes aromatiques, il s'agit pour nous de pouvoir récolter des feuilles le plus longtemps possible. Il faut donc arroser pour éviter l'arrêt de végétation que constitue la floraison. Mais l'excès d'eau peut être tout aussi néfaste en asphyxiant les racines, surtout si la température est basse. C'est au printemps que vous devrez être le plus vigilant ; les jeunes plants sont, à cette époque de l'année, particulièrement sensibles. Prenons l'exemple du basilic ; beaucoup souhaitent le planter le plus tôt possible, parfois dès les premiers beaux jours d'avril. S'il fait chaud, on arrose abondamment ; mais en cette saison, on peut, du jour au lendemain passer du grand soleil à la pluie (voire à la neige), et la température peut chuter de 10 °C en vingt-quatre heures. Résultat : le jeune plant de basilic ne se relève pas de ce choc !

Pour ne pas commettre ce genre d'erreur, retenez les points suivants :

– la fréquence de l'arrosage dépendra de la nature du sol : un sol argileux, conservant mieux l'eau qu'un sol sableux, n'aura pas besoin d'être arrosé aussi souvent ;

– le paillage (voir plus loin) permet d'espacer les arrosages et de limiter les chocs thermiques et hydriques ;

– l'excès d'eau sera plus redoutable par temps froid, sur des jeunes plants et au printemps ;

– les besoins en eau des plantes sont aussi fonction de vos besoins à vous : si vous cueillez fréquemment une plante – persil, thym, estragon, basilic par exemple –, il faudra lui assurer une croissance continue, en particulier par l'arrosage ;

– en pleine terre, vous pouvez faire des arrosages abondants et peu fréquents, surtout si vous paillez. En pot, vous ferez attention à ne pas saturer d'eau le terreau ; les arrosages seront donc plus légers et plus fréquents, voire même quotidiens par grande chaleur pour les plantes les plus exigeantes ;

– arrosez le matin de préférence, ou tard le soir.

On peut classer les plantes aromatiques selon leurs besoins en eau ; à vous d'ajuster les apports en eau à vos conditions locales :

– les très sobres (symbole : 1 arrosoir) : à l'état sauvage, elles vivent dans des zones sèches. Vous ne les arroserez que lors des périodes de sécheresse prononcée ;

– les sobres (symbole : 2 arrosoirs) : si vous ne leur laissez que l'eau du ciel, leur floraison risque d'être rapide et... leur carrière brève. Pour avoir une végétation harmonieuse et durable, il leur faut en permanence une terre fraîche au pied. En pleine terre, vous surveillerez le sol en y enfonçant un doigt, qui devra ressortir légèrement humide. Sauf grave sécheresse, ces plantes « sobres » n'ont pas besoin d'être arrosées tous les jours (sauf les plantes en pots placées en plein soleil) ; une ou deux fois par semaine suffisent ;

– les assoiffées (symbole : 3 arrosoirs) : si vous voulez qu'elles poussent, il faut satisfaire leur soif... sans pour autant les noyer. Un arrosage tous les jours ou tous les deux jours. En région chaude, le paillage est pour elles une nécessité, surtout si vous vous absentez ; pour les menthes et l'estragon, le paillage sera peu épais pour ne pas gêner la sortie des nouvelles pousses. Les plantes en pots feront l'objet d'une surveillance assidue.

LE PAILLAGE

Le paillage consiste à couvrir le sol avec un matériau qui n'est pas nécessairement de la paille (voir plus loin). Il devrait être pratiqué presque systématiquement dans les jardins. Il évite au sol l'asphyxie par tassement, limite le développement des mauvaises herbes, favorise l'activité biologique du sol, économise l'eau en freinant l'évaporation et permet finalement aux plantes de trouver dans le sol les conditions optimales d'aération, d'humidité et de température. Son principal inconvénient, hormis le travail qu'il exige, est de favoriser la prolifération des limaces.

Pour pailler, vous pouvez utiliser toutes sortes de matériaux : paille, fougères, genêts, branchages, herbes coupées, tontes de pelouse, aiguilles de pin, copeaux de bois, écorces, etc. Les principales règles du paillage sont les suivantes :

- sur une terre lourde, n'utilisez que des matériaux grossiers qui laisseront le sol respirer ;
- les copeaux de bois, aiguilles de pin, écorces et autres matériaux « forestiers » ont tendance à acidifier le sol et à mobiliser pour leur décomposition le précieux azote qui s'y trouve : réservez-en l'usage à des sols plutôt riches, alcalins (pH supérieur à 7) ; évitez de les appliquer aux plantes de garrigue (les « frugales », voir plus haut) qui n'aiment pas l'acidité ;
- l'épaisseur sera proportionnelle à la taille des matériaux : très faible (quelques millimètres) pour les tontes de gazon – sinon elles empêcheraient le sol de respirer –, importante (jusqu'à 5-10 cm) pour la paille ou les genêts.

Pour les plantes de rocailles ou les bordures, vous pouvez couvrir le sol de cailloux ou de pierres plates, sauf contre un mur en plein soleil, car alors vous risqueriez de cuire vos plantes !

L'APPORT D'ENGRAIS

A l'état sauvage, les plantes aromatiques peuvent être assez frugales, et poussent très lentement : une petite touffe de thym que vous rencontrez dans la garrigue peut avoir plus de dix ans !

Au jardin, ou en pots, c'est différent. Vous souhaitez faire des récoltes abondantes et savoureuses. Il vous faudra donc nourrir vos plantes en conséquence : suffisamment pour qu'elles aient une croissance régulière, mais sans les forcer pour qu'elles gardent leur goût et leurs qualités diététiques (voir tableau).

Les fumures « de fond » se font en fin d'hiver, avant que la plante ne redémarre. Il ne faut surtout pas enfouir les fertilisants en profondeur : épandez-les et contentez-vous de les incorporer aux premiers centimètres du sol par un grattage. Pour les sols légers, vous aurez intérêt – en particulier pour les plantes gourmandes – à apporter les engrais en plusieurs fois pour qu'ils soient mieux assimilés et que leur effet soit plus durable. Pour renforcer vos plantes aromatiques et les stimuler, vous pouvez avoir recours à des pulvérisations d'algues marines solubles (du commerce) ou à des « purins » d'ortie ou de consoude de Russie(1). Ces plantes sont d'une grande richesse en éléments minéraux, oligo-éléments et substances de croissance ; elles sont tout aussi revitalisantes pour le sol et les plantes que pour les animaux ou l'homme.

(1) La consoude de Russie (*Symphytum peregrinum*) se trouve sous forme de jeunes plants chez les pépiniéristes spécialisés dans les plantes vivaces et chez la plupart des producteurs de plants biologiques.

LES APPORTS FERTILISANTS

	EN PLEINE TERRE	EN POTS
Plantes peu exigeantes vivaces	Sol lourd : apporter cailloux + sable ou poudre de roche[1]. Sol pauvre : apporter 1 kg/m² de compost tous les ans. Sol acide : apporter 100 à 200 g/m² d'amendement calcaire[2] en surface.	Alléger le mélange en ajoutant du sable (10 %) ou de la poudre de roche (2 %). Ration d'entretien si cueillette intensive : 1 c. à c. de compost par litre, au pied, une fois dans la saison. Rempotage dans un pot plus grand en fin d'hiver.
Plantes moyennement exigeantes vivaces	Sol lourd : apporter cailloux + sable. Fumure de fond : apporter 1 à 2 kg/m² de compost tous les ans en fin d'hiver. Si cueillette intensive, épandre au pied 1 kg/m² de compost à mi-saison. Pulvérisations de purin d'ortie ou de consoude.	Ajouter éventuellement au mélange 2 % de poudre de roche. Ration d'entretien : 1 c. à c. de compost par litre, au pied, 2 ou 3 fois par an. Rempotage en pot plus grand, éclaircissage du feuillage et des racines en fin d'hiver.
Plantes moyennement exigeantes annuelles	Voir plantes peu exigeantes vivaces, sans les cailloux si elles sont plantées au jardin potager.	Voir plantes peu exigeantes vivaces, sauf pour le rempotage.
Plantes exigeantes vivaces	Sol lourd : comme pour les autres vivaces. Fumure de fond : 3 kg/m² de compost tous les ans. Si cueillette intensive, épandre en plus 1 kg/m² de compost deux fois par an. Pulvérisations de purin d'ortie ou de consoude.	Alléger le mélange avec de la poudre de roche ou 10 % de sable. Pour enrichir le mélange, ajouter environ 2 kg de compost pour un sac de terreau de 70 litres. Entretien : 1 c. à c. de compost au pied par litre, toutes les 5-6 semaines. Rempoter chaque année dans un pot plus grand, avant le démarrage de la végétation.
Plantes exigeantes annuelles	N'alléger avec sable et poudre de roche qu'en sol très lourd. Fumure : voir Plantes exigeantes vivaces.	N'alléger le terreau que s'il est très compact. Fumure : voir Plantes exigeantes vivaces.

(1) Les poudres de roches éruptives sont disponibles auprès de certains fournisseurs spécialisés dans le jardinage biologique.
(2) Dolomie, calcaire broyé, lithothamne.

Pour fabriquer un purin, choisissez un récipient si possible non-oxydable.

Remplissez-le de plantes (fraîches ou sèches). Couvrez d'eau. Au bout d'une quinzaine de jours, le purin est prêt, très reconnaissable à son odeur ! Utilisez-le dilué à 10-20 %, soit en pulvérisation, soit en arrosage au pied. Cela aidera les plantes à passer un cap difficile, par exemple en cas de météo capricieuse.

LA TAILLE

Certaines plantes apprécient d'être cueillies régulièrement ; elles n'en poussent que mieux ; sinon, elles jaunissent ou montent à graines plus vite. C'est le cas de la plupart des annuelles et bisannuelles, ainsi que de certaines vivaces : ciboule, ciboulette, marjolaine, pimprenelle, estragon et menthes.

Sur les vivaces, on a tendance à toujours cueillir les têtes ; cela pousse la plante à se ramifier sans que les nouvelles branches aient la possibilité de vraiment grandir. Résultat : des plantes très touffues où les feuilles du centre ne voient plus la lumière, restent petites, voire même jaunissent et tombent. Veillez à garder au feuillage un certain équilibre, même si vous cueillez souvent. Prélever des feuilles toujours sur les mêmes branches, de manière à éclaircir la touffe et laisser les autres tiges se développer.

En résumé : non à la coupe en brosse, oui à des tailles successives sur les mêmes brins.

La floraison et la fructification sont les étapes finales du développement normal des végétaux et marquent un arrêt de végétation, définitif chez les plantes annuelles et bisannuelles, temporaire ou saisonnier chez les vivaces. Cela est bien souvent contradictoire avec notre désir de continuer à récolter. La taille contribuera à résoudre ce problème.

Pour les annuelles, la suppression des boutons de fleurs ou des hampes florales peut relancer la végétation si la plante est placée dans de bonnes conditions. On peut également prévoir assez de pieds pour les couper à tour de rôle et allonger ainsi la période de cueillette.

Pour les vivaces, l'arrêt de végétation naturel est plus ou moins long : il peut se limiter à la période de floraison, ou englober toute la période hivernale. En taillant au-dessous des fleurs, on relance la pousse du feuillage ; cela peut se faire soit dès l'apparition des boutons floraux, soit lorsque les fleurs se fanent. Sur les plantes touffues, vous en profiterez pour pratiquer un éclaircissage (faites sécher cette récolte).

CONSEILS PARTICULIERS POUR LES PLANTES EN POT

Pour assurer une croissance régulière, apportez du terreau en le mélangeant à de la terre ordinaire ou du sable. Vous en rajouterez ensuite régulièrement une dose d'entretien (voir tableau).

Les arrosages seront modérés et fréquents. Les jeunes plants aux tiges frêles ne supportent pas les bains de pieds ! Gare aux soucoupes que l'on garde remplies d'eau, ou aux bacs à réserve d'eau. Les plantes les plus sobres ne supportent pas ce régime.

Quant aux autres, mieux vaut ne les arroser que lorsque la terre commence à se dessécher. Vous trouverez dans le commerce des sondes d'humidité qui vous indiqueront l'état de votre terre. Attention aux intérieurs trop secs ; la présence de saturateurs est aussi bénéfique aux plantes qu'à nos bronches.

Pour éviter que vos plantes ne deviennent des bonsaïs, n'oubliez pas de les rempoter : la taille du pot doit être proportionnelle à la végétation. Si la touffe déborde du pot de tous côtés, si les racines sortent par les trous d'écoulement, si les feuilles les plus âgées jaunissent, c'est que votre plante réclame de la place !

Il faudra alors :

– soit diviser le pied pour les plantes qui le per-

LES PLANTES AROMATIQUES VIVACES ET LE FROID

LES FRILEUSES, qui ne résistent pas au-delà de –5 °C à –8 °C : marjolaine, verveine citronnelle. En pleine terre, paillez-les d'abondance. Il est préférable de les cultiver en pots, que l'on rentre dans la maison l'hiver. La plupart des plantes annuelles ou bisannuelles ne résistent pas au gel. C'est le cas de l'aneth, de l'anis, du basilic, de la bourrache (sauf jeunes plants), du carvi, de la roquette, de la coriandre, du piment, de la sarriette annuelle. Persil et parcel supportent –5 °C à –8 °C dans les terres légères.
LES MOYENNEMENT RUSTIQUES (jusqu'à –12 °C à –15 °C) : romarin, rue, lavande stœchas, cerfeuil.
LES RUSTIQUES résistant à tout : angélique, ache de montagne, raifort, ciboule, ciboulette, mélisse, absinthe, thym, thym-citron, laurier-sauce (souche), sarriette vivace, oseille, rhubarbe, sauge, origan, pimprenelle, lavande, estragon, balsamite, hysope, réglisse, menthe.
La nature du sol influe sur la résistance des plantes au froid. Une forte gelée causera plus de dégâts dans un sol collant et gorgé d'eau – pouvant même faire éclater les racines, qui pourriront au dégel – que dans un sol léger et bien drainé ; la différence dans la résistance peut dépasser 5 °C.
A température égale, le vent augmente la fragilité au froid. Par exemple, un thym résistera à –15 °C dans un coin bien abrité, mais gèlera à –10 °C s'il est battu par un vent du nord. La proximité d'un mur – surtout celui d'une maison chauffée – limitera la baisse de température du sol.

mettent (voir seconde partie), ou éclaircir la végétation ;
– soit augmenter la taille du pot. Si en sortant le plant du vieux pot vous constatez qu'il y a tellement de racines que l'on ne voit plus – ou à peine – la terre, il faudra alors supprimer les racines emmêlées de la périphérie sans toucher à celles du centre. N'oubliez pas, ensuite, d'ombrer pour faciliter la reprise.

LA PRÉPARATION POUR L'HIVER

La plupart des plantes annuelles gèlent vers 0 °C. Prévoyez donc d'en rentrer un pot dans la maison ou la véranda au début de l'automne.
Pour pouvoir en profiter plus longtemps, transplantez-les dans des pots assez grands (13 à 15 cm de diamètre minimum). Placez-les dans un endroit bien éclairé. Vous maintiendrez la terre humide par des arrosages modérés et réguliers, et, si vos plantes commencent à jaunir, vous leur apporterez de temps en temps une ou deux cuillerées à soupe de compost au pied. Vous pourrez ainsi prolonger la cueillette. Vous pouvez également rentrer en pots certaines vivaces qui perdent leurs feuilles l'hiver : ciboulette, estragon, menthes.
En pleine terre, les bisannuelles et les vivaces les plus fragiles (voir seconde partie) pourront être protégées du froid :
– par une bonne couverture de paille ou de végétaux grossiers (genêts, fougères, branchages, etc.) ;
– par des bâches ; mais attention, même en repos hivernal, les plantes ont besoin de respirer ; pas question de les étouffer sous une couverture plastique étanche. Utilisez un de ces voiles non-tissés que l'on trouve dans le commerce ; constitués d'un réseau dense de fibres plastiques, ils assurent à la fois une bonne aération et une bonne protection contre le froid, sans engendrer de condensation importante.
Taillez au ras du sol les plantes dont la partie aérienne meurt et qui repartent des racines (menthes, estragon, mélisse...) et à 5-10 cm du sol celles qui perdent leurs feuilles et repartent du bois, comme la verveine citronnelle. Cette taille intervient, bien sûr, avant la mise en place de la protection.

Comment les utiliser

Récolte

Pour recueillir le maximum d'arôme, il faut tenir compte du cycle de chaque plante, de l'organe récolté, des rythmes saisonniers ou quotidiens, et de la météo.
Les parties aériennes seront toujours récoltées en période sèche, lorsque toute trace d'humidité aura disparu sur la plante. Si la saison est humide, vous pouvez faire un préséchage en plaçant les plantes à l'entrée du four de votre cuisinière (thermostat 1 ou 2), mais vous risquez alors de perdre une bonne partie de l'arôme. Les plantes qui sont d'un usage permanent seront bien sûr cueillies au fur et à mesure des besoins pendant leur saison de végétation. Ce qui suit concerne la récolte pour conservation.

FEUILLES ET TIGES
Le meilleur moment pour la récolte se situe juste avant la floraison. Pour les annuelles et les bisannuelles, c'est lorsque le développement du feuillage marque un arrêt et que l'on voit apparaître l'ébauche des fleurs. Pour les vivaces, c'est lorsqu'on voit se former les boutons floraux, soit le plus souvent entre mai et juillet. En ce qui concerne les annuelles, ou les vivaces que l'on taille, vous pourrez faire deux récoltes : l'une en pleine végétation et l'autre juste avant les gelées.
Certaines vivaces – menthes, estragon, ciboulette, ciboule, mélisse, oseille – gagnent à être cueillies plusieurs fois dans la saison de façon à ne récolter que de beaux brins tendres.

FLEURS
Elles seront cueillies au tout début de leur épanouissement, avant leur complète ouverture, en juillet-août pour la plupart des espèces. Certaines doivent être cueillies fleur à fleur tous les deux ou trois jours : bourrache, camomille... Pour d'autres, on récolte des branches fleuries : origan, marjolaine, absinthe, serpolet, thym, sarriette vivace, hysope... A noter que l'ensemble feuille-fleur a toujours un goût plus épicé, plus piquant, que les seules feuilles.
Pour la lavande, on cueille les épis en bouquets.

GRAINES
Pour elles, il faut absolument trouver le bon stade de récolte : assez mûres pour qu'elles se conservent (et puissent éventuellement germer), mais pas trop pour éviter qu'elles ne s'éparpillent sur le sol dès qu'on touche la plante. Une astuce : lorsque la graine est bien formée, entourez l'inflorescence d'un sachet de papier bien fixé sur la tige ; lorsque les graines commencent à tomber dans le sachet, coupez la tige et récoltez le tout.

RACINES
Leur cycle est différent de celui des parties aériennes : après avoir assuré le démarrage printanier, c'est à l'automne qu'elles accumulent d'autres réserves pour tenir jusqu'au printemps suivant. Vous les récolterez donc de septembre à novembre. Choisissez de préférence une période où le sol est ressuyé sans être sec ; opérez l'après-midi.

Conservation

Il y a de nombreuses manières de conserver les plantes, mais la règle de base est toujours la même : ne conserver que les parties parfaitement propres et saines. Triez la récolte et éliminez strictement toutes les parties abîmées, attaquées, tachées, salies... Lavez et brossez les racines en enlevant collet et radicelles.

CONSERVATION À L'ÉTAT FRAIS

Le verre à moutarde où trempent quelques tiges de persil dans un coin de la cuisine n'est pas le moyen idéal de conservation ! Certaines plantes au feuillage d'aspect sec – romarin, thym, laurier, lavande, sarriette vivace – peuvent se conserver telles quelles dans votre cuisine, simplement suspendues en bouquets ou posées (sans eau) dans un vase. D'autres restent fraîches plusieurs jours dans un linge en bas du réfrigérateur.

Pour les plantes au feuillage délicat, un mode de vente en frais, en sacs plastiques se développe. Vous pouvez pratiquer cette technique pour vos herbes : placez-les par petites quantités dans des sacs plastiques pour congélateur, soufflez dans le sac pour le gonfler, fermez-le en le maintenant gonflé ; il faut que les feuilles soient le moins possible en contact avec le plastique. Vous placerez ces sachets dans la partie inférieure de votre réfrigérateur. Durée de conservation : une semaine maximum.

SÉCHAGE

C'est le plus classique des modes de conservation. Le recours à un séchoir – électrique ou solaire – n'est pas indispensable, mais il peut être utile pour le séchage des racines, ou en l'absence de local aéré. Si les parties aériennes sont sales, vous pouvez les laver en les passant rapidement sous l'eau fraîche ; puis égouttez-les (essoreuse à salade) et épongez-les dans un torchon propre ; enfin, préséchez pendant une ou deux heures dans votre four ouvert (thermostat 1 ou 2), en remuant fréquemment. Mieux vaut cependant ne récolter que des plantes propres et déjà dépourvues de traces d'humidité.

Feuilles

Vous pouvez les faire sécher en branches ou effeuillées, en éliminant éventuellement les feuilles terminales, souvent plus difficiles à sécher. Effeuillées, vous les étalerez en couche mince sur une claie, dans un endroit sec et aéré, à l'abri des rayons du soleil. Vous les remuerez régulièrement. Plus les feuilles sont grandes ou épaisses, plus la couche doit être mince. Le mieux est de les étaler en une seule couche, cela assure l'aération maximale, diminue d'autant le risque de moisissures, et évite d'avoir à les remuer.

Vous pouvez, par exemple, utiliser des cageots en étalant au fond un papier propre, ou un fin grillage plastique, ou un linge léger, et en les disposant sur d'autres cageots vides pour que l'air circule. En branches, vos plantes sécheront suspendues en guirlandes de bouquets bien espacés. Veillez à ce qu'il n'y ait pas de feuilles au point d'attache du bouquet.

Pour être réussi, le séchage doit se faire rapidement. A la campagne ou en maison individuelle, un grenier ouvert ou un hangar peuvent faire l'affaire, pourvu qu'un courant d'air sec y circule. Les indices d'un bon séchage : tout en ayant gardé sa coloration, la feuille est devenue légère et se casse facilement sans se réduire en poudre.

Fleurs

Etant souvent plus épaisses que les feuilles, elles doivent être étalées en une seule couche lâche et elles seront remuées, si possible une fois par jour.

Racines

Leur séchage est délicat, sauf pour les plantes à racine peu aqueuse, comme par exemple le pissenlit. Elles doivent avoir été préalablement très soigneusement lavées et brossées ; toutes les parties abîmées auront été enlevées. Coupez-les en tranches fines (comme des chips) avant de les mettre à sécher. Le séchage à l'air ambiant étant rarement suffisant, il vaut mieux étaler les tranches de racines sur une plaque pour les faire sécher à four très doux.

Une fois sèches, vous conserverez vos plantes dans un matériau qui respire : bois (sauf agglo ou contre-plaqué), sacs de papier kraft ou de toile, voire dans un bocal opaque, à condition que la fermeture ne soit pas étanche. Et si, par malheur, vous repérez des traces de moisissures, mieux vaut jeter le lot. D'où l'intérêt de stocker dans plusieurs récipients.

CONGÉLATION

Après avoir soigneusement nettoyé et trié la récolte, vous pouvez la répartir dans des sacs plastiques ou des boîtes en aluminium pour la congeler telle quelle, mais ce n'est pas toujours pratique à utiliser.

Bien plus facile : les glaçons d'herbes. Les plantes hachées sont placées dans les cases d'un bac à glaçons, recouvertes d'eau, congelées, démoulées, puis stockées au congélateur. Le liquide peut être de l'eau, pure ou additionnée de vinaigre ou de jus de citron, ou un bouillon léger. Ces glaçons aromatiques sont ensuite utilisés pour parfumer ragoûts, sauces, courts-bouillons... Formule intéressante pour certaines herbes : basilic, cerfeuil, estragon, menthes, aneth, coriandre, parcel, persil, marjolaine, ache de montagne.

CONSERVATION AU SEL

Simple, économique et écologique puisque cela n'entraîne aucune consommation d'énergie. Vous utiliserez les feuilles sans traces d'humidité mais non séchées pour que leur parfum puisse pénétrer le sel.

Effeuillez les branches. Les grandes feuilles seront coupées fin, seules les petites étant conservées entières. Vous pouvez utiliser de petits récipients récupérés : pots d'aliments pour bébés, pots d'herbes sèches ou de condiments... Mieux vaut plusieurs petits pots qu'un grand bocal. Vous alternerez les couches de gros sel et d'herbe, en commençant et en finissant par le sel pour éviter les moisissures, et en faisant des couches fines, de manière à ce que tous les brins soient en contact avec le sel. Conservez dans un endroit frais et sec à l'obscurité. A chaque ouverture d'un bocal, vérifiez l'absence de moisissure et de fermentation.

Les sels d'herbes seront utilisés comme des épices pour accommoder les plats.

CONSERVATION AU VINAIGRE

Remplissez un bocal des feuilles de votre choix sur lesquelles vous versez le vinaigre chaud mais non bouillant. Evacuez toutes les bulles d'air et recouvrez largement pour que les feuilles ne soient pas en contact avec l'air. Au bout de 10 à 15 jours, filtrez, et consommez à votre gré. Plus simple encore : une branche d'herbe de votre choix dans votre bouteille de vinaigre...

CONSERVATION À L'HUILE

Assez délicate à réussir, elle donne des préparations très savoureuses. La recette la plus

connue est celle du basilic à l'huile d'olive, mais il faut également essayer la marjolaine à l'huile d'olive, et le parcel ou l'ache avec une huile au goût moins prononcé.
L'herbe ne doit jamais être au contact l'air car cela favoriserait le développement de moisissures ; couvrez donc largement d'huile. Utilisez des petits bocaux. Les herbes doivent avoir été légèrement séchées (juste fanées) pour bien absorber l'huile.
Coupez les feuilles en petits morceaux, sans tiges ni pétioles. Mettez petit à petit les morceaux de feuilles dans le bocal et recouvrez d'huile au fur et à mesure en mélangeant pour évacuer l'air. Lorsque le bocal est rempli aux trois quarts, couvrez largement d'huile et fermez. Conservez au frais et à l'abri de la lumière.

LES BEURRES D'AROMATES
Les herbes doivent être hachées très finement, puis malaxées avec du beurre et du sel. Préparés en fonction des besoins, ces beurres d'herbes peuvent être tartinés ou accompagner les coquillages, les crustacés, le saumon, etc.

Utilisations

Dans la seconde partie du livre, vous trouverez pour chaque plante divers usages possibles, principalement culinaires ; pour les usages médicinaux, vous vous reporterez aux bons ouvrages de phytothérapie ou demanderez conseil à un professionnel de la santé.
Voici, en complément, quelques autres usages.

BOISSONS
La littérature fourmille de recettes de boissons familiales – sirops, crèmes, liqueurs, élixirs, etc. – rafraîchissantes, apéritives ou digestives. Leur qualité gustative dépend essentiellement de la qualité de chacun des ingrédients utilisés.

PERSILLADE
Plantes fraîches hachées ajoutées aux plats en fin de cuisson, voire juste au moment de servir, pour conserver leur goût.

USAGE MÉDICINAL
Le plus classique et le plus simple en la matière est l'infusion.

USAGE DOMESTIQUE
C'est, par exemple, le pot de basilic pour éloigner les mouches, le bouquet de lavande ou d'absinthe dans l'armoire pour éloigner les mites, etc.

AU JARDIN
Les plantes aromatiques peuvent jouer un rôle important au jardin, plantées en association avec des fleurs ou des légumes, ou pulvérisées sur les cultures sous forme de décoction ou d'infusion.

SACHETS PARFUMÉS
On trouve dans le commerce des sachets de fleurs de lavande. Quel plaisir d'en froisser un et d'en respirer profondément le frais parfum pour mieux s'endormir !
Vous pouvez faire vous-même de tels sachets avec vos herbes séchées : lavande, romarin, thym, marjolaine, etc., ou tout cocktail de votre invention.
Rien de plus simple : il suffit de mettre dans un petit sac de toile l'herbe de votre choix, bien

sèche ; le mieux est d'utiliser les fleurs ou les rameaux fleuris. C'est un usage très ancien : les armoires de nos aïeules étaient garnies de sachets de lavande, absinthe, tanaisie et autres plantes chargées d'éloigner les insectes indésirables ou de parfumer les oreillers.

RINÇAGE DES CHEVEUX

Nombre de phytothérapeutes recommandent de faire le dernier rinçage, après un shampooing, avec de l'eau vinaigrée ; on peut enrichir celle-ci d'une infusion ou d'une décoction d'herbe : fleurs de camomille pour les cheveux clairs, romarin, thym ou sauge pour les cheveux bruns, feuilles de capucine contre la chute des cheveux, et les pellicules.

BAINS PARFUMÉS

Pour parfumer vos bains et améliorer leur effet relaxant, vous pouvez verser une décoction d'herbe : basilic, angélique, camomille, marjolaine, lavande, thym, sauge.

Plante par plante

Dans les pages qui suivent sont présentées, dans l'ordre alphabétique, la plupart des plantes aromatiques cultivées en France.

Chaque « fiche » indique dans l'ordre :

- le nom commun usuel de la plante (par exemple : aneth) ;
- son nom scientifique : le premier mot correspond au genre botanique (par exemple : *Anethum*) et le second à l'espèce (*graveolens* dans le cas de l'aneth) ;
- la famille botanique à laquelle elle appartient (ici, les Ombellifères) ;
- ses éventuels autres noms ;
- son cycle naturel (plante annuelle, bisannuelle ou vivace) ;
- le type de culture : pot, terrasse ou pleine terre ;
- sa hauteur ;
- l'espacement à respecter entre deux pieds de la même espèce. Pour avoir l'espacement à adopter pour deux espèces différentes, additionner les deux espacements et diviser par 2 ;
- les périodes de semis, repiquage, plantation, division du pied et récolte ;
- une information importante ou insolite concernant la plante (texte souligné) ;
- des indications pour la culture et la récolte ;
- la liste des propriétés thérapeutiques et des utilisations (culinaires, médicinales, etc.).

L'illustration comprend :

- à côté du nom usuel : un symbole donnant une idée de l'allure de la plante ;

rampante  herbe (petite ou grande)  grimpante 

arbuste (petit ou grand)  touffe feuillue 

- au-dessus du texte souligné : des symboles permettant de visualiser les exigences de la plante en matière d'ensoleillement, d'eau et d'éléments fertilisants ;

plein soleil  mi-ombre 

plante poussant en terre pauvre  plante poussant en terre moyennement fertile 

plante exigeant une terre riche 

plante supportant la sécheresse  plante se contentant d'un sol modérément humide 

plante exigeant un sol humide 

- dans la plupart des cas : un dessin représentant la plante, entièrement ou partiellement.

Absinthe

Artemisia absinthium

COMPOSÉES

Herbe-aux-vers, armoise amère, herbe-sainte, alvine
Vivace
Terrasse, pleine terre
Hauteur : 0,70 à 1 m
Espacement : 1 m
Semis : février à avril
Repiquage : mi-mars à mi-juin
Plantation : mars à mi-octobre
Récolte : mi-avril à mi-novembre

L'absinthe est une plante très forte qu'il faut utiliser à petites doses et de manière non répétée malgré ses précieuses propriétés car elle présente une certaine toxicité. Les infusions seront faites avec une pincée de plante séchée Signes distinctifs : feuilles gris-vert, odeur caractéristique du feuillage froissé, forte amertume (passer rapidement la langue).

CULTURE
Très rustique, pousse en tous sols, à toute exposition, avec une préférence pour les rocailles en plein soleil.
Vous pouvez la semer, mais comme c'est une plante très encombrante, et que vous n'avez besoin que d'un seul pied, achetez plutôt un plant. Désherbez.
Avec ses touffes de feuilles découpées gris-vert, l'absinthe est très décorative toute l'année. Taillez après la floraison en rabattant au-dessus des nouvelles pousses.

RÉCOLTE
On récolte les fleurs et les feuilles.

PROPRIÉTÉS
Tonique, diurétique, vermifuge, insectifuge, antiseptique. Contre-indications : irritation de l'estomac ou de l'intestin, tempéraments nerveux et sanguins ; allaitement.

UTILISATIONS
– L'alcool « absinthe » est interdit depuis 1915.
– Vin d'absinthe pour stimuler l'appétit : 1 l de vin blanc, 30 g d'absinthe séchée. Laisser macérer une nuit à température tiède, filtrer et laisser reposer 24 heures avant de consommer (1 verre à liqueur avant le repas de midi). A fabriquer au fur et à mesure des besoins.
– En bouquet sec dans les armoires à linge, pour éloigner les mites.
– Au jardin, on peut pulvériser de la décoction d'absinthe sur les cultures pour éloigner certains insectes (pucerons, piérides, acariens...).

Ache de montagne

Levisticum officinale

OMBELLIFERES

Livèche, céleri perpétuel
Vivace
Terrasse, pleine terre
Hauteur : 1 à 2 m
Espacement : 80 cm à 1 m
Semis : mi-février à mai
Repiquage : mi-mars à juin
Plantation : mi-mars à novembre
Récolte des feuilles : mi-mars à novembre
Récolte des graines : août à octobre
Récolte des racines : septembre à novembre
Division du pied : février-mars

L'ache de montagne ne doit pas être confondue avec le céleri, plante bisannuelle sensible au froid, au goût moins fort dont on connaît différentes formes cultivées. L'ache se distingue du céleri à sa haute taille et à la couleur rougeâtre de ses jeunes pousses au printemps.

CULTURE

Vu le très grand développement et la rusticité de l'ache, le plus simple est d'acheter un plant en pot. Il durera des années.

Evitez le grand soleil et les terres trop sèches... ou bien paillez abondamment. La plante a les mêmes ennemis que le céleri ; à titre préventif, n'arrosez que le matin ; traitez éventuellement au cuivre (acétate de cuivre, bouillie bordelaise, oxychlorure de cuivre...) ; contre la mouche du céleri dont la larve creuse ses galeries dans les feuilles, pulvérisez préventivement une décoction de tanaisie ou d'absinthe, et curativement un insecticide végétal à base de roténone et de pyrèthre.

L'hiver, toutes les parties aériennes de l'ache disparaissent : repérez donc son emplacement pour ne pas risquer de l'abîmer.

Si vous ne souhaitez pas récolter les graines, supprimez les hampes florales.

RÉCOLTE

Feuilles : pendant toute la période de végétation.

Racines : à l'automne, soit en arrachant un vieux pied et en l'éclatant, soit en prélevant une partie de la touffe.

Graines : lorsqu'elles sont bien passées du vert au beige.

PROPRIÉTÉS

Diurétique, stimulante et digestive.

Contre-indication : problèmes rénaux.

Dans les affections pulmonaires chroniques – bronchite, asthme humide –, on prescrivait autrefois des décoctions de racines de livèche dans du lait, à raison de 30 à 60 g de racine sèche par litre de lait, et de 3 tasses par jour.

UTILISATIONS

- Racines, feuilles et graines peuvent être consommées en infusion.
- Une feuille suffit à aromatiser tout un plat (soupe, ragoût, court-bouillon...). Comme il arrive que la plante prenne un goût amer, goûtez une feuille avant d'assaisonner.
- La racine séchée et moulue peut s'utiliser comme du poivre.
- Sel de céleri : graines (ou racines) moulues mélangées à du sel.
- Les racines fraîches peuvent être cuites (à l'eau, à la vapeur ou à l'étouffée), coupées en petits morceaux et consommées en salade.

Aneth

Anethum graveolens

OMBELLIFERES

Fenouil bâtard
Annuel
Pot, pleine terre
Hauteur : 30-60 cm
Espacement : 20 cm
Semis : mi-mars à mi-avril et septembre
Plantation : avril à mi-juin
Récolte des feuilles : mi-avril à juilllet et mi-septembre à novembre
Récolte des graines : mi-août à mi-octobre

La culture de l'aneth en plein air est assez délicate : il craint l'excès de froid et d'humidité qui le fait pourrir sur pied, et le moindre coup de chaleur le fait monter à graines.

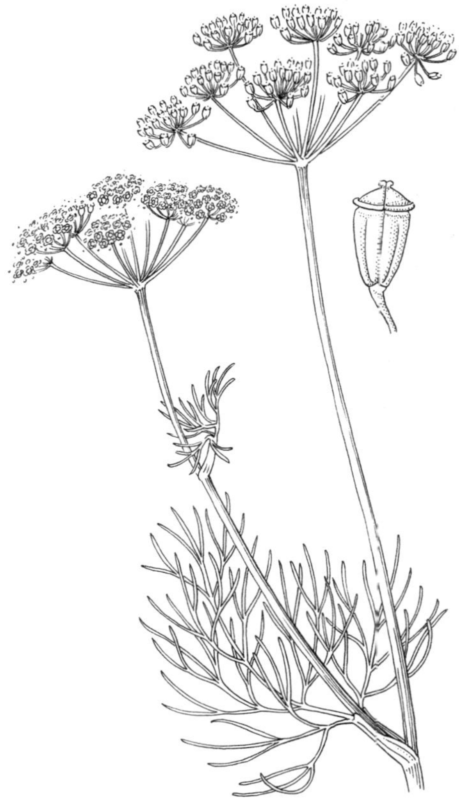

CULTURE
L'aneth préfère les sols riches et bien drainés. Dans les pays nordiques, on utilise plutôt la feuille, et dans le Midi, la graine.
Pour pouvoir récolter un maximum de feuilles :
- utilisez des plants semés en godets sous abri, ou semez en place assez tard, après les dernières gelées ;
- semez sous abri en mars à 10°-12 °C ; en pleine terre, pensez aux protections par voile non tissé ;
- semez la semaine précédant la nouvelle lune ;
- évitez les chocs thermiques, hygrométriques ;
- cueillez régulièrement et stoppez la montée à graines en supprimant la tige florale dès qu'elle se forme.

RÉCOLTE
Les feuilles se récoltent au fur et à mesure des besoins. Leur séchage est décevant ; mieux vaut les conserver au vinaigre, au sel ou congelées. Les graines se récoltent en septembre-octobre.

PROPRIÉTÉS
Favorise la lactation, tonique du foie et de l'appareil digestif.

UTILISATIONS
- Toutes les préparations aromatisées au fenouil peuvent l'être aussi bien à l'aneth : vinaigre aromatisé, cornichons, pickles... ; poissons au court-bouillon ou à l'étouffée ; laitages, sauces, farces, ragoûts ; œuf à la coque (feuille hachée menu). Un conseil : couper les tiges au-dessus de 30 cm de haut. Elles sont plus tendres.
- Infusion : 1 ou 2 c. à c. de feuilles par litre d'eau. Ou bien : 1c. à c. de graines pour 1/4 de litre d'eau.

Angélique

Angelica archangelica

OMBELLIFERES

Bisannuelle (2 ou 3 ans)
Pleine terre
Hauteur : 1 à 2 m
Espacement : 1 m
Semis : février-mars et août à octobre
Plantation : mars à août
Récolte : avril à août

L'angélique – comme le panais et la berce – possède à la face inférieure de ses feuilles des vésicules urticantes pouvant provoquer des réactions cutanées chez certaines personnes (cloques). Evitez de vous frotter aux feuilles, surtout en plein soleil et si vous transpirez.

SIGNES DISTINCTIFS

On reconnaît immédiatement l'angélique à son odeur caractéristique, en froissant un morceau de feuille, et à l'aspect frais de son feuillage.

CULTURE

Semis à l'automne avec des graines fraîches, ou après stratification hivernale. Comme un ou deux pieds suffisent pour un usage familial, l'achat de plants est ce qu'il y a de plus simple.
L'angélique préfère les sols riches et frais. Un plant peut durer trois ans si vous l'empêchez de monter à graines en supprimant la tige florale les deux premières années. Pour avoir des tiges tendres, paillez et arrosez régulièrement, surtout juste avant la récolte.

RÉCOLTE

On peut effectuer de petits prélèvements (quelques pétioles pour faire de la liqueur, ou des feuilles pour la cuisine, par exemple) dès la première année ; pour des confitures ou des tiges confites, attendre la deuxième année.

On coupe des tiges, puis on ne garde que les pétioles ; pour les confiseries, il faut éplucher ceux-ci en enlevant les fibres superficielles. La récolte a lieu en fin de printemps, traditionnellement vers la Saint-Jean, pour les liqueurs et confiseries.
Les fleurs et les feuilles doivent être utilisées fraîches ; une fois séchées, elles perdent leurs propriétés.

PROPRIÉTÉS

Tonique digestif (facilite la digestion des aliments gras) ; antispasmodique, stimulante dans les cas de fatigue générale ou d'anémie.

UTILISATIONS

– Tiges confites : prenez des tiges fraîches bien mondées, coupez-les en morceaux d'une dizaine de centimètres, jetez-les dans l'eau bouillante et laissez-les bouillir une demi-heure ; puis retirez-

les, égouttez-les et enlevez avec précaution les filaments de surface. Ceci fait, remettez à l'ébullition jusqu'à ce que les tiges paraissent tendres sous la pression des doigts ; elles auront alors blanchi et, si vous voulez les faire reverdir, jetez une poignée de sel dans l'eau avant de les retirer. Passez alors les tiges à l'eau fraîche, égouttez-les et remettez-les au feu dans un sirop qui doit contenir leur poids de sucre ; faites bouillir à gros bouillon pendant une demi-heure puis versez le tout dans une terrine. Le lendemain, séparez le sirop, faites-le bouillir à part et jetez-le sur les tiges ; ceci pendant 3 jours consécutifs. Enfin, faites sécher à l'étuve les morceaux saupoudrés de sucre que vous conserverez dans des boîtes bien closes. (Recette donnée par P. Lieutaghi dans son « Livre des bonnes herbes », Marabout.)

- Infusion de racines ou de graines (40 g/l).
- Vin d'angélique :

100 g de tiges fraîches
1 l d'eau-de-vie
1 kg de sucre
5 l de bon vin blanc sec

Coupez les tiges en petits morceaux. Mélangez le tout. Faites macérer 2 à 4 mois. Filtrez et mettez en bouteille. Laissez reposer quelques semaines avant de commencer à consommer.

- Confiture d'angélique.
- Les feuilles fraîches peuvent être ajoutées aux bouillons ou aux soupes, voire, hachées, aux salades.

Anis vert

Pimpinella anisum

OMBELLIFERES

Annuel
Pot, pleine terre
Hauteur : 40 cm
Espacement : 20 cm
Semis : février à mi-mai
Récolte des feuilles : mi-avril à juillet
Récolte des graines : juillet à mi-août

C'est un stimulant de la lactation. Les femmes qui allaitent pourront en consommer... si elles en aiment le goût.

CULTURE

L'anis vert aime les terres riches, bien drainées et ensoleillées. Comme la plupart des annuelles, il a un cycle assez court. Pour pouvoir récolter des feuilles :

– ne semez pas en place avant la fin des gelées, ou semez en godet à l'abri ;
– semez dans la semaine précédant la nouvelle lune ;
– maintenez une humidité modérée mais régulière.

Si le printemps – ou la région – est humide, cultivez-le en pot. Pour les semis en place, éclaircissez, désherbez, binez, paillez entre les lignes. Vous pouvez prévoir plusieurs semis pour étaler la production.

RÉCOLTE

Feuilles : au fur et à mesure des besoins, en commençant par les feuilles extérieures de façon à ce que la touffe se développe.
Graines : lorsqu'elles ont viré au beige.

PROPRIÉTÉS

Favorise la lactation ; expectorant et tonique digestif ; excite l'appétit ; sédatif.

UTILISATIONS

– Infusion de graines : 10 à 15 g/l d'eau bouillante.
– Les feuilles fraîches peuvent aromatiser les salades et crudités, les légumes, etc.
– Les graines s'utilisent – entières ou moulues – en confiserie, et en pâtisserie.

Balsamite

Chrysanthemum balsamita

COMPOSÉES

Menthe-coq
Vivace
Terrasse, pleine terre
Hauteur : 50 cm à 1 m
Espacement : 70 cm à 1 m
Plantation : mars à mi-novembre
Récolte : mi-mars à mi-novembre
Division du pied : mars à mi-avril et septembre-octobre

Par son odeur, la balsamite ressemble à une menthe, mais elle en est fort éloignée sur le plan botanique. Alors que les vraies menthes affectionnent l'ombre, la menthe-coq aime bien le soleil et ne redoute pas la sécheresse.

CULTURE

Multiplication par éclats de touffe : prélevez un morceau de plante comportant des racines et un bourgeon (fin d'hiver ou automne).
Plantation à racines nues de mars à mai ; en pot de mars aux gelées.
La sécheresse peut faire apparaître quelques pucerons noirs : supprimez les tiges atteintes et arrosez.
Un pied peut durer des années pour peu qu'on l'éclaircisse régulièrement. Taillez après la floraison pour relancer la végétation.

RÉCOLTE

Presque toute l'année pour utiliser en frais. Pour faire sécher, récoltez les feuilles par une fin de matinée ensoleillée d'été ; étalez-les en couche mince, remuez-les fréquemment afin que le séchage soit rapide.

PROPRIÉTÉS

Tonique, antispasmodique et vermifuge.

UTILISATIONS

– C'est un très ancien remède populaire que l'on trouvait souvent, autrefois, dans les jardins. On s'en servait pour soigner les bronchites, en infusion, à raison de 2 à 3 tasses par jour. Le Docteur Valnet (1) préconise, pour son usage comme vermifuge, de prendre 1 tasse à jeun le matin 3 jours de suite à la lune décroissante.
– Si vous aimez son goût, vous pouvez en faire tous les usages des menthes.
– Dans certaines régions, on l'utilise en pâtisserie à la place de la vanille ; on en met quelques feuilles dans les crèmes, flans, laitages...
– Ajouter une infusion de feuilles à l'eau de rinçage des draps et du linge pour les parfumer.

(1) Phytothérapie, Maloine Ed.

Basilic

Ocimum basilicum

LABIÉES

Annuel
Pot, pleine terre
Hauteur : 20-40 cm
Espacement : 20-30 cm
Semis : février à septembre
Plantation : avril à octobre
Récolte : mai à octobre

« La tête au soleil et les pieds dans l'eau » dit, à propos du basilic, un livre de jardinage d'il y a un siècle. Cette plante originaire des Tropiques craint par dessus tout les refroidissements associés à l'humidité. Démarrez-la en pot et ne la sortez qu'après les derniers froids, lorsque la température nocturne ne risque plus de descendre au-dessous de 6 à 8° C, en avril ou mai selon les régions. A partir de cette date, vous pouvez semer le basilic en pleine terre.

VARIÉTÉS

Elles sont de plus en plus nombreuses sur les catalogues. Les principales :
- 'Grand Vert' (= Pistou = Fabrègue) : le plus classique ; 50 à 60 cm ;
- 'Grand vert à feuilles de laitue' : énormes feuilles cloquées, un peu moins parfumé que le précédent ; 60 à 70 cm (variété « géante » : 80 à 100 cm) ;
- 'Fin vert' : petites feuilles, parfum plus fin ; 40 cm ;
- 'Fin vert nain compact' : forme une boule de 30 cm ; goût très fin ;
- 'Rouge' : feuilles moyennes rouge violacé ; parfum épicé ; 40 à 50 cm ;
- 'Anisé' (= Niçois = Italien) : feuilles moyennes, léger goût anisé ; 40 à 50 cm ;
- 'Citron' : léger goût citronné ; 40 à 50 cm ;
- 'Cannelle' : feuilles vert foncé, net parfum de cannelle ; 50 à 60 cm.

CULTURE

Le basilic aime les sols riches et les terreaux consistants mais bien drainés. Il craint énormément les chocs climatiques : excès d'eau ou coup de froid au printemps provoquent la fonte des semis (noircissement de la base des tiges).
Semis à chaud (16 °C minimum) en godets ou pots de petits-suisses juste avant la nouvelle lune. Rempotage dès l'apparition des premières feuilles vraies (autres que les cotylédons).
En plantant le basilic en pots, gardés au chaud, vous pourrez en récolter dès avril. Attendez qu'il fasse beau pour le mettre en pleine terre. Si la saison, ou la région, est froide et humide, vous pouvez le cultiver complètement en pots ou en

jardinière. Dans ces cas, vous lui apporterez régulièrement un peu de compost au pied, pour soutenir la production de feuilles. Supprimez les boutons floraux dès qu'ils apparaissent.
Rentrez un pot de basilic dans la maison en fin d'été... vous en aurez pour les réveillons !

RÉCOLTE

Il faut cueillir régulièrement les feuilles. Pour les variétés à feuilles grandes ou moyennes, on cueille les feuilles une à une, de façon à ce que les rameaux situés à l'aisselle des feuilles se développent. Pour les variétés à feuillage fin, on cueille des petites branches entières.
Pour le séchage, préférez les grandes feuilles et triez sévèrement votre récolte : éliminez toutes les feuilles tachées ou noircies. Le basilic peut se conserver de diverses façons : sec, congelé, au sel ou au vinaigre, à l'huile...

UTILISATIONS

Le basilic peut parfumer de nombreux plats :
- pâtes au basilic, avec de la crème fraîche ou un filet d'huile d'olive ;
- salades variées, vertes ou rouges, crudités, concombres, courgettes, tomates, haricots ; pour les salades un peu amères, mariez-le avec des fruits secs (noix, noisettes, amandes) broyés ou de la pâte de sésame ;
- purée de courgette au fromage blanc, concombre au yaourt ;
- taboulé au basilic pour remplacer la menthe ;
- légumes farcis, tomates, courgettes, aubergines, poivrons, pâtissons (en été) ; en hiver : pommes de terre, oignons, potirons...

Le basilic entre dans bien d'autres recettes encore : soupe au pistou, bien sûr, grillades, galettes de céréales ou de soja, coulis de tomate, tomates à la poêle, etc.

Bourrache

Borrago officinalis

BORRAGINACÉES

Annuelle
Pleine terre
Hauteur : 20-40 cm
Espacement : 50 cm
Semis : février à mai
Récolte des feuilles : mi-mars à mi-novembre
Récolte des fleurs : mi-mars à octobre

La bourrache a la redoutable faculté de se ressemer un peu partout : il vaut donc mieux l'installer en bordure de pelouse que parmi des légumes.

CULTURE

Très facile : semis de février (godets sous abri) à mai en plein air. La bourrache pousse très vite. Eclaircissez (semis direct), binez, paillez, arrosez en période sèche.

Attention aux limaces et aux escargots, dangereux pour les jeunes plants : vous pouvez les piéger en mettant des appâts du commerce dans des tronçons de tubes plastique près des jeunes plants.

Avec ses grosses touffes et ses multiples fleurs étoilées qui varient du bleu au mauve, la bourrache est très décorative. Elle est aimée des abeilles.

RÉCOLTE

Fleurs : pendant toute la période de floraison, en milieu de journée. A consommer fraîches ou à faire sécher pour l'hiver.

Feuilles : on cueille les plus jeunes (tendres) pour les consommer fraîches.

PROPRIÉTÉS

Adoucissante, diurétique, sudorifique et dépurative. Les tiges et les feuilles sont riches en nitrate de potasse, d'où son action diurétique. Les infusions de fleurs sont préconisées pour les bronchites à toux sèche.

UTILISATIONS

– Fleurs : elles décorent très joliment les plats (légumes, poissons au four...) et les salades. Disposez-les au moment de servir.

On peut également les faire macérer dans du vin blanc sec une quinzaine de jours ; filtrer et consommer une boisson qui est devenue bleutée rafraîchissante.

– Feuilles : les jeunes feuilles se consomment crues, hachées fin avec toutes sortes de salades et crudités. Les feuilles moyennes peuvent être cuisinées comme des épinards ou ajoutées à la soupe.

Camomille romaine

Anthemis nobilis

COMPOSÉES

Vivace
Terrasse, pleine terre
Hauteur : 20-40 cm
Espacement : 30-40 cm
Plantation : mars à mi-juin
Récolte des fleurs : juillet à mi-août

La camomille romaine est vivace et stérile : elle se multiplie par des marcottes. Il ne faut la confondre, ni avec les autres camomilles – « puante » (*Anthemis cotula*) à odeur désagréable, « des champs » (*Anthemis arvensis*) inodore – ni avec les matricaires, en particulier la matricaire camomille ou camomille allemande (*Matricaria Chamomilla*), plante annuelle qui se multiplie par semis.

CULTURE

Elle pousse en tous terrains, redoutant seulement l'excès d'humidité. Comme pour toutes les plantes basses, désherbez soigneusement.
Les marcottes sont prélevées en octobre-novembre, dans les régions à hiver rigoureux, ou en mars. Vous pouvez planter directement, mais cela expose les jeunes plants à l'excès d'humidité et aux mauvaises herbes. Il est préférable de repiquer en pots avant la mise en place définitive qui aura lieu de mars à juin, avant la floraison. Evitez d'arroser sur les fleurs pour ne pas les tacher. Désherbez avant l'hiver et protégez par grands froids (paille, voile non-tissé).

RÉCOLTE

Les fleurs sont récoltées une à une lorsqu'elles s'ouvrent, par grand soleil, à mi-journée. Il faut passer au moins deux fois par semaine. Le séchage doit être rapide.

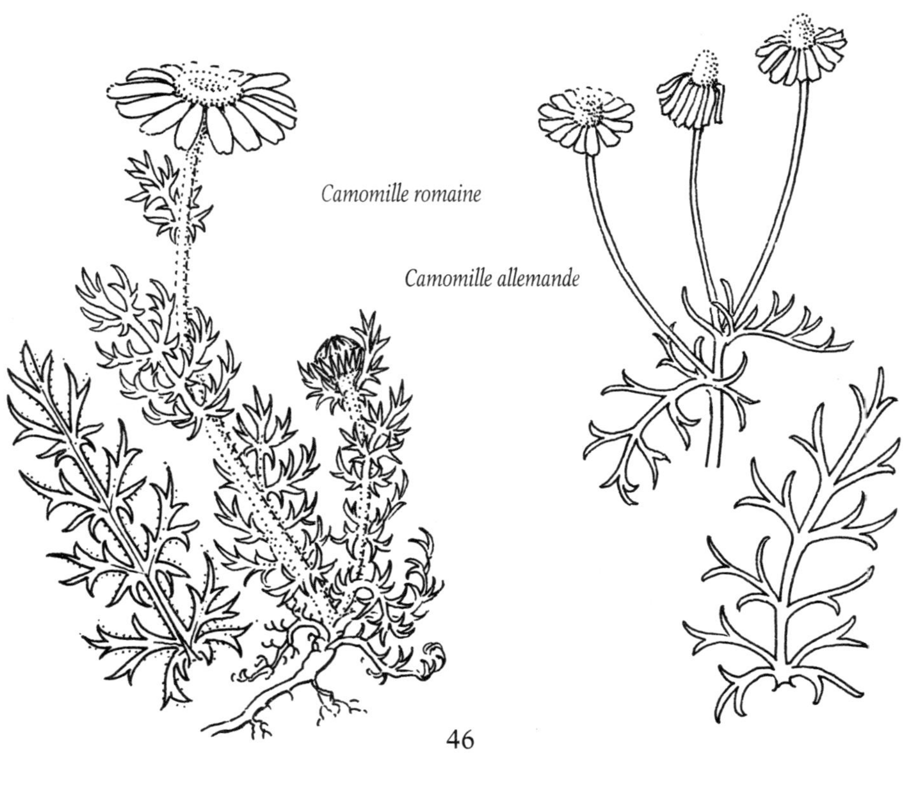

PROPRIÉTÉS
En usage interne : antispasmodique, stimulant gastrique.
En usage externe : contre les irritations des yeux.

UTILISATIONS
On utilise la camomille en infusion, comme tisane digestive, pour le rinçage des chevelures blondes, après le shampoing, ou en bain d'œil. Dans ce dernier cas, filtrez soigneusement (filtre en papier) pour ne pas vous mettre de poussière de pollen dans l'œil.

CAMOMILLE ET HOMÉOPATHIE
La matricaire camomille (Chamomilla des homéopathes) est un antidote de la plupart des traitements homéopathiques ; par prudence, il faut étendre cette proscription à la camomille romaine.

Capucine

Tropaeolum *(plusieurs espèces)*

TROPÉOLACÉES

Annuelle
Jardinière, pleine terre
Hauteur : 15 cm à plusieurs mètres
Espacement : 30 cm (var. naines) à 50 cm (var. grimpantes)
Semis : mars à mai
Récolte : juillet à novembre

Les boutons floraux, confits au vinaigre, donnent des sortes de câpres. Pour ne pas vous priver du spectacle des fleurs, obtenez (presque) le même résultat en utilisant les jeunes graines, vertes et tendres.

CULTURE
Semez en place en avril-mai. Pour votre résidence secondaire ou pour avancer la culture, semez en godets dès le mois de mars.
Les ventouses des variétés grimpantes leur permettent toutes les escalades... mais évitez les murs exposés au nord. Ces variétés sont préférables pour récolter et consommer.

RÉCOLTE
Tout au long de la végétation. Les jeunes graines doivent être cueillies le matin, elles sont plus tendres et moins fortes.

PROPRIÉTÉS
Expectorante, tonique, antiscorbutique et dépurative.

UTILISATIONS
– Infusion de feuilles.
– Les fleurs sont très décoratives, de saveur épicée. Elles agrémentent et relèvent nombre de plats : salades, légumes, viandes blanches... Aux salades on peut mêler quelques feuilles, très riches en vitamine C.
– Les jeunes fruits sont mis au vinaigre, seuls ou avec d'autres herbes.
Il existe une capucine tubéreuse dont les tubercules, de la taille d'une châtaigne, sont confits au vinaigre ; ou bien, après les avoir lavés et séchés au soleil pour en diminuer l'âcreté, ils sont cuits et consommés comme légumes.

Carvi

Carum carvi

OMBELLIFERES

Annuel
Pot, pleine terre
Hauteur : 40-60 cm
Espacement : 20 cm
Semis : avril-mai et septembre
Récolte des graines : juillet-août

Carvi et cumin sont cousins. Le premier est surtout cultivé dans l'est et le nord de l'Europe alors que le second est méditerranéen.

CULTURE
Le carvi préfère les sols perméables. Semis en lignes espacées de 50 cm ; levée en 12 à 20 jours. Eclaircissez à 15-20 cm, désherbez, binez, paillez, maintenez la terre fraîche. Le semis d'automne est possible pour récolter l'année suivante.

RÉCOLTE
Les graines sont récoltées lorsqu'elles virent au brun. Faites-les sécher à l'ombre dans un endroit sec et aéré.

PROPRIÉTÉS
Favorise la lactation. Stimulant et stomachique.

UTILISATIONS
– Les graines aromatisent soupes, ragoûts, choucroute et légumes lacto-fermentés. Elles peuvent servir à parfumer les fromages, le pain et la pâtisserie.
– Infusion de graines, en cas de paresse digestive et de manque d'appétit.

Cerfeuil commun

Anthriscus cerefolium

OMBELLIFERES

Annuel
Pot, pleine terre
Hauteur : 5-20 cm
Espacement : 10 cm
Semis : février à octobre
Récolte : mars à novembre

Le cerfeuil craint particulièrement le soleil et la sécheresse. Il se ressème tout seul assez vite. Laissez quelques pieds monter à graines, désherbez bien au pied et continuez d'arroser.

CULTURE
Le cerfeuil aime les terres riches et bien drainées. Pour en avoir le plus longtemps possible :
1) semez en février, en pots, à l'intérieur ;
2) semez en avril, en pleine terre si les gelées sont passées, sinon en pots.
Ces plants en pots pourront être ensuite mis en pleine terre et vous les laisserez se ressemer. Désherbez soigneusement et cueillez régulièrement.

RÉCOLTE
Le cerfeuil se consomme surtout frais. Le séchage donne des résultats très décevants. Mieux vaut conserver cette plante au sel, au vinaigre, ou congelée.

PROPRIÉTÉS
Antilaiteux, diurétique, résolutif, vulnéraire, apéritif, rafraîchissant.

UTILISATIONS
- Infusions de feuilles fraîches après les repas pendant les régimes amaigrissants ou en cas de fatigue hépatique. En décoction et en usage externe, on peut l'utiliser pour calmer les irritations des paupières, et celles des fesses des bébés.
- En cataplasme contre les hémorroïdes ou lors de l'arrêt de la lactation.
- En cas de piqûre d'insecte, frotter avec des feuilles froissées.
- Les feuilles fraîches éloigneraient les fourmis.
- Cru : dans les salades ou crudités. Parsemez de cerfeuil haché les plats cuisinés au moment de servir (poisson ou viande grillés, céréales, légumes...).
- Cuit : dans les potages, les omelettes, les sauces, les ragoûts. Son parfum étant très fugace, vous ne l'ajouterez que dans les derniers instants de la cuisson, sauf indication contraire d'une recette.

LE CERFEUIL TUBÉREUX
Le cerfeuil tubéreux (*Chaerophyllum bulbosum*) est une plante voisine du cerfeuil. Il est cultivé comme légume-racine. Ses feuilles sont toxiques.

Cerfeuil vivace

Myrrhis odorata

OMBELLIFERES

Cerfeuil musqué
Vivace
Pleine terre
Hauteur : 60 cm à 1,20 m
Espacement : 1 m
Semis : février à avril et septembre-octobre
Plantation : mars à juin
Récolte : mi-février à novembre

Le cerfeuil vivace est assez différent du cerfeuil commun. Il est beaucoup plus grand que celui-ci et son parfum est anisé. Les deux espèces appartiennent à des genres botaniques voisins. De saveur sucrée, le cerfeuil vivace peut être utilisé pour aromatiser et édulcorer (sans risque pour les diabétiques) des tartes, des salades de fruits, des liqueurs, etc.

CULTURE

Le cerfeuil vivace aime les terres riches et bien drainées, mais il est assez rustique pour pousser en terre maigre. Il est délicat à faire germer. Semez des graines fraîches, ou bien faites stratifier les semences durant l'hiver.
Tenez le sol propre et frais, éventuellement en paillant au pied.

RÉCOLTE

Les feuilles se récoltent au fur et à mesure des besoins.

PROPRIÉTÉS

Antispasmodique. Les autres propriétés sont celles du cerfeuil commun.

UTILISATIONS

- Il allie les parfums du cerfeuil, du persil et de l'anis. On l'utilise comme le cerfeuil commun.
- Infusion en cas de toux ou de bronchite.

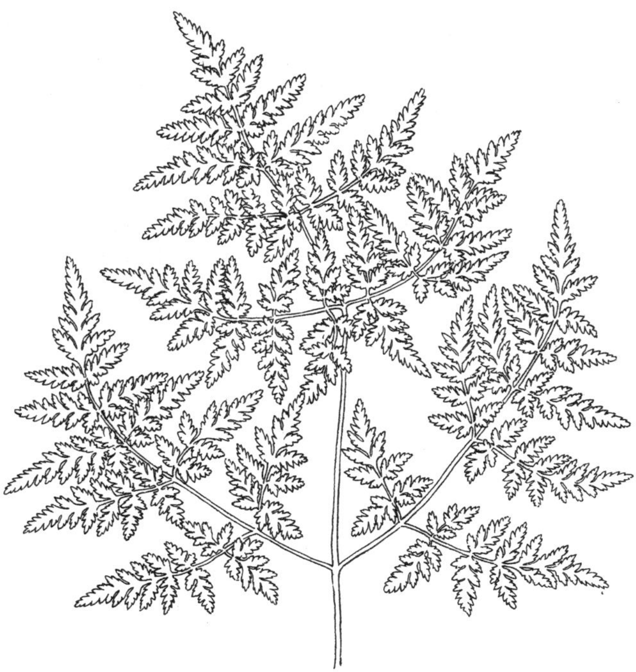

Ciboule

Allium fistulosum

LILIACÉES

Cive, oignon d'hiver
La ciboule de Saint-Jacques appartient à une espèce très voisine (Allium lusitanicum).
Vivace
Pleine terre
Hauteur : 30-60 cm
Espacement : 10 cm
Semis : février à mi-mai
Plantation : février à octobre
Récolte : mars à octobre
Division du pied : mi-janvier à mi-mai et septembre à mi-décembre

Contrairement à la ciboulette, dont on n'utilise que les feuilles, dans la ciboule on peut tout consommer : feuilles et bulbe. Pour cela, il faut stimuler la division naturelle des bulbes en éclatant les touffes une ou deux fois par an, et en ne prélevant que les bulbes périphériques.

CULTURE

Trois variétés : la blanche et la rouge, qui peuvent se semer, et la ciboule de Saint-Jacques, stérile. Le plus simple est la plantation d'éclats de touffe.
Replantez les bulbes un par un, en vérifiant que chacun est bien pourvu de racines. Prévoyez deux touffes au moins, que vous récolterez et éclaterez à tour de rôle. La ciboule craint l'excès de fumure et le compost insuffisamment mûr. Désherbez soigneusement de manière à ce que l'herbe n'étouffe pas vos ciboules au printemps.

RÉCOLTE

Feuilles et bulbes sont récoltés et consommés frais au fur et à mesure des besoins.

PROPRIÉTÉS

Antiputride, et donc intéressante contre les fermentations intestinales dans son utilisation culinaire.

UTILISATIONS

– Assaisonnement des petits pois, fèves fraîches, jardinières et potées de légumes, salades, crudités, laitages.
– Dans les sauces, par exemple en remplacement de l'estragon dans la sauce béarnaise.
– Dans les potages et soupes, ajoutée, hachée menue, en fin de cuisson.

Ciboulette

Allium schœnoprasum

LILIACÉES

Vivace
Pot, pleine terre
Hauteur : 15-30 cm
Espacement : 20 cm
Semis : février à avril
Plantation : février à novembre
Récolte : février à novembre
Division du pied : mi-janvier à juin et septembre à mi-novembre

région sud *région nord*

Pour avoir de la ciboulette toute l'année, ayez : deux ou trois touffes dehors, que vous couperez régulièrement à tour de rôle, à quelques centimètres du sol, et une touffe à l'intérieur. Plus on la coupe, plus elle pousse !

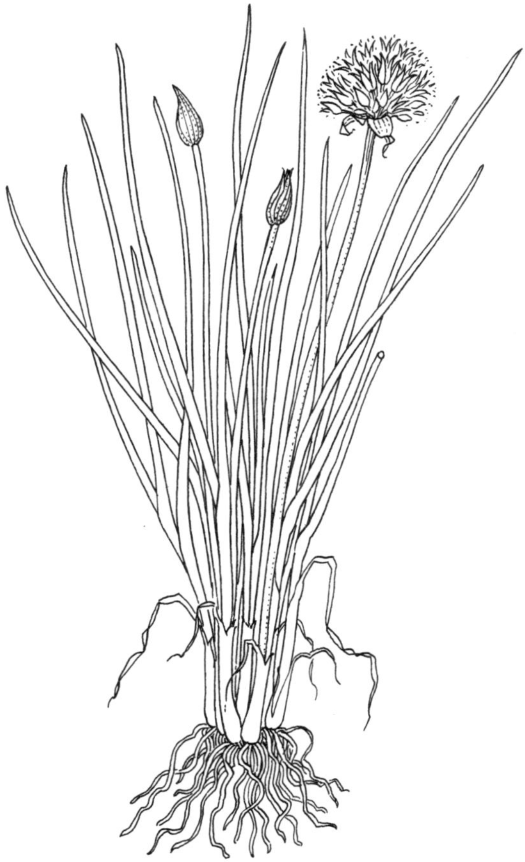

CULTURE

On peut semer la ciboulette, mais il faut attendre longtemps avant de récolter. Pour un usage familial, il est préférable d'acheter des plants d'un an bien développés : chaque pied doit présenter des bulbes bien formés.
La ciboulette craint les grandes chaleurs. Réservez-lui un sol assez riche et bien drainé. Désherbez-la soigneusement et régulièrement. Si les brins sont fins et serrés, divisez la touffe. La ciboulette passe l'hiver sous forme de bulbes souterrains : repérez son emplacement pour ne pas la détruire malencontreusement.

RÉCOLTE

Au fur et à mesure des besoins. Vous pouvez la conserver congelée, au sel ou au vinaigre. Le séchage est très décevant.

PROPRIÉTÉS

On l'a appelée « appétit » à cause de ses vertus apéritives et digestives. Elle est riche en vitamine C : 30 mg/100 g.

UTILISATIONS

– Crue, dans les salades et les fromages frais. La ciboulette est la principale des « fines herbes ». Si vous la trouvez trop piquante, mariez-la avec des fruits secs broyés ou de la pâte de sésame.
– Cuite, elle perd vite sa saveur. Ne l'ajoutez que dans les derniers instants de la cuisson aux omelettes, potages, sauces blanches ou jus de viande. Pour les sauces liquides, hachez menu au fond du plat, versez la sauce brûlante et servez.
– Elle aromatise très bien les préparations à base de laitages : concombre au yaourt, courgettes au fromage blanc, etc.
– Les fleurs de ciboulette cueillies dès qu'elles s'ouvrent font de jolis petits bouquets secs.

Consoude

Symphytum peregrinum
(= Uplandicum)

BORRAGINACÉES

Vivace
Pleine terre
Hauteur : 60 cm à 1,50 m
Espacement : 70 cm
Plantation : mi-février à novembre
Récolte : mars à novembre

Une plante fétiche des jardiniers biologiques : transformée en purin, c'est un engrais biologique à action rapide.

CULTURE

La consoude pousse partout avec une préférence pour les coins humides. On peut la planter à la sortie des eaux usées, mais dans ce cas on s'en servira comme engrais et non dans la cuisine ! Extraordinairement résistante et vigoureuse, vous lui réserverez une place à l'écart. Le moindre bout de racine peut redonner une plante. La consoude officinale (*Symphytum officinale*) est très commune dans nos régions. Sa composition et ses propriétés semblent très proches de celles de la consoude de Russie.

RÉCOLTE

Les feuilles jeunes sont cueillies pour la cuisine. Les racines sont récoltées lors du repos végétatif, à partir de novembre.

PROPRIÉTÉS

Astringente, cicatrisante. C'est une plante extrêmement riche en vitamines et en minéraux, ce qui lui donne un pouvoir revitalisant.

UTILISATIONS

– Macération : faire bouillir des morceaux de racine, puis laisser macérer une nuit ; passer et consommer 2 ou 3 verres par jour. A préparer au fur et à mesure des besoins.

Pour les usages externes (lavages ou compresses), utiliser une macération plus concentrée obtenue en la faisant réduire sur le feu ; filtrer.

– Cataplasmes de feuilles fraîches ou ébouillantées.

– La racine fraîche râpée peut calmer les brûlures et les crevasses du sein.

– Jeunes feuilles : avec les crudités.

– Feuilles moyennes : dans les soupes, ragoûts, jardinières de légumes...

– Les feuilles entrent dans la préparation de nombreuses recettes végétariennes : galettes, croquettes, tofu...

Coriandre

Coriandrum sativum

OMBELLIFERES

Annuelle
Pot, pleine terre
Hauteur : 40-60 cm
Espacement : 25 cm
Semis : février à mai et juillet à septembre
Récolte des feuilles : mars à juin et mi-août à octobre
Récolte des graines : avril à juillet

Plante d'origine tropicale, la coriandre est parfois difficile à cultiver chez nous. Faites deux semis, un pour le printemps et un pour l'automne. Démarrez la culture de printemps à l'intérieur et à mi-ombre.

CULTURE

La coriandre redoute les sols argileux. Pratiquez de préférence le semis en pots ou en godets, réalisable dès février (10 à 12 °C) et faites croître les plantes à l'abri. Semez durant la semaine qui précède la nouvelle lune. Arrosez régulièrement. Retardez la floraison en supprimant la hampe florale dès son apparition et en cueillant régulièrement les feuilles.
Les semis d'été – en pleine terre, après le 15 juillet – donnent une meilleure production de feuilles.

RÉCOLTE

Les feuilles sont récoltées et utilisées fraîches. Les graines sont cueillies juste avant maturité, lorsqu'elles ont viré du vert au beige.

PROPRIÉTÉS

Euphorisante et digestive. Il ne faut pas abuser des feuilles fraîches, qui peuvent provoquer une forte excitation suivie d'une réaction de prostration.
L'infusion de semences concassées est stimulante et digestive, et a une action bactéricide dans les intoxications d'origine intestinale. La coriandre, mélangée au sel et au poivre, était autrefois utilisée pour conserver la viande.

UTILISATIONS

– La feuille fraîche est très utilisée dans les cuisines arabe et orientale : salade de germe de soja, riz cantonnais, agneau, mouton, volailles. Il faut éviter de la cuire longtemps.
– Graines entières dans les condiments au vinaigre – cornichons, pickles – et entières ou écrasées dans les bouillons, marinades, viandes rôties, farces, gibiers, choucroute, couscous...

Cresson alénois

Lepidium sativum

CRUCIFERES

Annuel
Jardinière, pleine terre
Hauteur : 10-20 cm
Semis : février à octobre
Récolte : mars à novembre

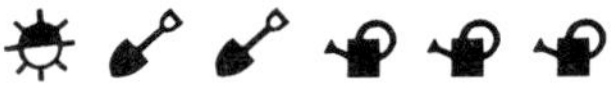

Le cresson alénois est très facile à faire germer ; vous pouvez ainsi le consommer au stade jeune plantule (graine germée). Jusqu'au stade 2 feuilles, il n'a besoin d'aucun apport nutritif. Les réserves de la graine et l'eau suffisent à cette première croissance. Vous avez ainsi une source de verdure et de vitamines en plein hiver.

CULTURE

Le cresson alénois aime les sols frais et riches en humus. Comme sa croissance est rapide et qu'il monte vite à graines, on pratique des semis directs successifs, tous les 15 jours à 3 semaines, de préférence en lune décroissante (entre la pleine lune et la nouvelle lune). On sème en lignes distantes de 15 à 25 cm, avec éclaircissage à 3-5 cm. Pour retarder la montée à graines, binez, sarclez et arrosez.

RÉCOLTE

On coupe les feuilles au ras du sol lorsqu'elles atteignent 8-10 cm ; il peut alors y avoir plusieurs coupes successives (2 ou 3 en moyenne). On peut aussi récolter en coupant la rosette entière au collet, comme pour la mâche.

PROPRIÉTÉS

Le cresson alénois est une plante très riche (vitamines A, C, B, K, calcium, fer, manganèse, phosphore, zinc...). Il est antiscorbutique, apéritif, dépuratif, diurétique, expectorant. La consommation de cresson peut entraîner des réactions chez certaines personnes, en particulier au niveau de la vessie (inflammation). Il faut bien évidemment cesser alors d'en consommer.

UTILISATIONS

On utilise le cresson alénois frais, la cuisson détruisant son goût, qui peut alors se transformer en une odeur désagréable. Ses feuilles se consomment crues en salade avec des crudités, des assiettes garnies, et même des fromages.

Cumin

Cuminum cyminum

OMBELLIFERES

Annuel
Pot, pleine terre
Hauteur : 30 cm
Espacement : 10 cm
Semis : avril à mi-mai
Récolte : juillet à mi-août

En infusion prise après le repas, les graines stimulent la production de lait.

CULTURE
On ne cultivera le cumin en plein air que dans le Midi méditerranéen ou dans les endroits bien exposés ; ailleurs, on le cultivera sous abri.
Le cumin aime les terres et terreaux assez riches et bien drainés. En pleine terre, désherbez, binez, paillez. Maintenez l'humidité par des arrosages fréquents mais peu abondants.

RÉCOLTE
Le cumin fleurit en été ; on récolte les graines lorsqu'elles virent au brun.

PROPRIÉTÉS
Il facilite l'évacuation des gaz intestinaux, ce qui était bien vu chez les Romains ! Il agit aussi comme vermifuge intestinal (en infusion).

UTILISATIONS
– Les Romains en faisaient grand usage pour parfumer l'huile d'olive et le vinaigre.
– Poisson grillé au cumin, viande conservée au cumin.
De nos jours, il est utilisé pour aromatiser certains fromages – munster, livarot –, les pains, la charcuterie, la choucroute...

Estragon

Artemisia dracunculus

COMPOSÉES

Vivace
Pot, pleine terre
Hauteur : 40-70 cm
Espacement : 30 cm
Plantation : février à mi-novembre
Récolte : mars à mi-octobre
Division du pied : février à avril et septembre-octobre

L'estragon vrai est stérile : il ne donne pas de graines ! Vous trouverez des graines d'estragon de Russie, espèce inodore et sans saveur qui se multiplie très facilement. Si vous achetez un plant, vérifiez qu'il est parfumé.

CULTURE
L'estragon aime les sols et terreaux riches et bien drainés. Les plants en pot peuvent se planter de mars à octobre. Désherbez soigneusement, binez, paillez modérément (une trop grande épaisseur gênerait le développement des jeunes pousses), arrosez fréquemment pour maintenir le sol frais.
Pour avoir de belles branches, ne les laissez pas trop grandir ; coupez régulièrement et apportez un peu de compost au pied de temps en temps. En hiver, les feuilles disparaissent. Coupez ras aux premières gelées, nettoyez bien au pied et paillez. Deux dangers guettent l'estragon : un coup de bêche ou de motoculteur malencontreux en hiver et une herbe trop dense que ses jeunes pousses ne pourront pas traverser.

RÉCOLTE
Au fur et à mesure des besoins. Une taille fréquente favorise l'émission de jeunes tiges et limite le jaunissement. Pour sécher, ne cueillez que des branches jeunes et bien vertes.
Conservation : sec, congelé, au sel, au vinaigre, au beurre.

PROPRIÉTÉS
C'est un stimulant général et digestif, et un antispasmodique. Il est conseillé comme substitut dans les régimes sans sel. En cas de hoquet, mâcher une feuille d'estragon serait radical. L'estragon est riche en vitamine C.

UTILISATIONS
– Vinaigre à l'estragon : la plante neutraliserait partiellement l'acidité du vinaigre. Une branche dans la bouteille pour l'usage quotidien.
– Frottez les volailles avec des feuilles d'estragon et mettez-en une belle branche à l'intérieur avant de faire rôtir.
– Assaisonnement de toutes salades et crudités, rôtis, gigots, viandes en sauce, poissons...

Fenouil

Fœniculum vulgare

OMBELLIFERES

Vivace
Terrasse, pleine terre
Hauteur : 1-1,50 m
Espacement : 30 cm
Semis : février à avril
Plantation : mai à octobre
Récolte : mars à mi-octobre
Division du pied : mi-mars à mi-juin

Le fenouil vivace est plus fort et plus amer que les variétés type « fenouil doux de Florence » cultivées comme légumes. Il est caractérisé par son parfum anisé, qui le distingue de l'aneth.

CULTURE
Le fenouil préfère les terres légères et riches ; il craint l'excès d'humidité.
Semez la semaine avant la nouvelle lune, 3 ou 4 graines par godet de 7-8 cm. Ne gardez que le plus beau plant de chaque godet. Plantez lorsque les gelées ne sont plus à craindre, ou rempotez dans un grand récipient.
On peut aussi planter des éclats, car les pieds de fenouil grossissent d'année en année par formation de nouveaux bulbes à la périphérie.
Désherbez, binez, paillez, arrosez pour maintenir le sol bien frais. Eclatez les touffes lorsque les bulbes semblent très serrés.

RÉCOLTE
Feuilles : au fur et à mesure des besoins. Elles se prêtent mal au séchage ; préférez la conservation au sel, au vinaigre, ou par congélation.
Graines : lorsqu'elles commencent à brunir, avant qu'elles ne tombent toutes seules.

PROPRIÉTÉS
Apéritif et digestif. Les graines de fenouil entrent dans la composition de nombreuses préparations médicinales destinées à favoriser la lactation ; certains proposent d'en mâcher préventivement contre la grippe.

UTILISATIONS
– Graines dans les plats de légumes secs, de choux, de navets : le fenouil facilite la digestion.
– Feuilles fraîches dans les salades et crudités, avec les poissons grillés.
– Feuilles et graines dans les préparations au vinaigre (cornichons, pickles), ou pour aromatiser le pain, le fromage, la choucroute et autres légumes lacto-fermentés, les légumes, les soupes de poissons, les escargots.
– Infusion de graines.
– Boisson apéritive : 50 g de graines macérées 15 jours dans 1 litre de vin rouge ; filtrer.

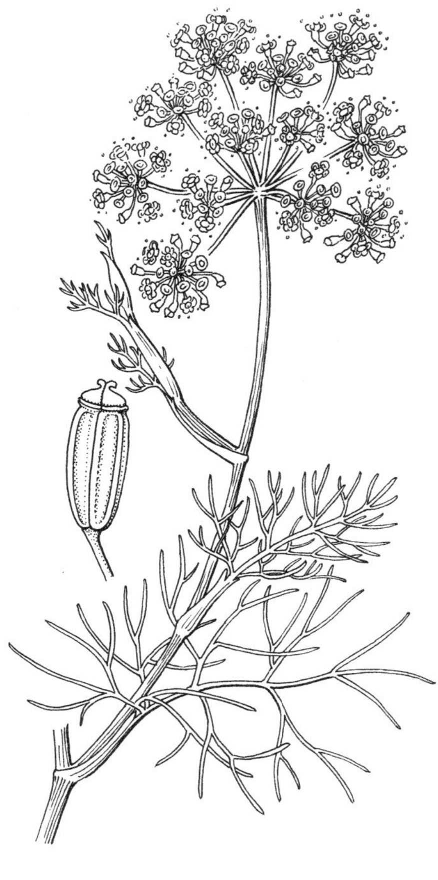

Hysope

Hyssopus officinalis

LABIÉES

Vivace
Pot, pleine terre
Hauteur : 30-60 cm
Espacement : 30 cm
Plantation : mars à mi-octobre
Récolte : mi-mars à mi-novembre

L'hysope est parfois confondue avec l'estragon. Pour ne plus vous tromper, sachez que :
- elle a un feuillage persistant alors que l'estragon disparaît l'hiver ;
- les fleurs de l'hysope sont nombreuses et d'un bleu éclatant plus ou moins mêlé de rose ;
- c'est une plante frugale et de plein soleil.

CULTURE

Le semis est très délicat ; mieux vaut trouver un plant. L'hysope redoute les terres argileuses. Par contre, elle est assez résistante à la sécheresse. La floraison est magnifique ; attendez qu'elle soit passée pour tailler. Eclaircissez les pieds touffus avant qu'ils ne se « déplument » par la base.

RÉCOLTE

Pour la cuisine, les feuilles se ramassent presque toute l'année. Pour l'usage médicinal, on récolte feuilles et fleurs à la pleine floraison.

PROPRIÉTÉS

L'hysope agit au niveau des voies respiratoires en fluidifiant les sécrétions.

UTILISATIONS

- Infusion de sommités fleuries (environ 10 g/l) en cas de rhumes, grippes ou bronchites ; en cas d'angine, on peut faire des gargarismes. Bains toniques. Les sujets nerveux ne l'utiliseront qu'avec parcimonie.
- Bon condiment des viandes, farces, féculents ou potages.
- Il faut signaler son utilisation dans les liqueurs.

Laurier-sauce

Laurus nobilis

LAURACÉES

Vivace
Terrasse, pleine terre
Hauteur : jusqu'à plusieurs mètres
Espacement : 1 à 2 m
Plantation : mars à octobre
Récolte : toute l'année

Ne pas confondre le laurier-sauce avec le laurier-rose, ni avec le laurier-cerise, tous deux toxiques, ni avec le laurier-tin.

CULTURE

Le semis du laurier-sauce est possible mais les graines sont très difficiles à faire germer, nécessitant un double épluchage puis une stratification. Faites plutôt des boutures ou achetez un plant en pot.

Pour qu'il devienne un bel arbre, il faut planter le laurier en terre légère. Sinon, aérez le sol au maximum en reconstituant une rocaille.

Arrosages à la plantation. Une fois la reprise assurée, le laurier est très résistant au froid comme à la sécheresse. Il craint l'humidité, cause de certaines maladies ; à titre préventif, on peut pulvériser du cuivre sur les jeunes plants à la sortie de l'hiver.

Lors des très fortes gelées, les parties aériennes meurent souvent, mais l'arbre rejette à partir de sa souche.

RÉCOLTE

Toute l'année. Les feuilles sont moins âcres une fois séchées.

PROPRIÉTÉS

C'est un très puissant antiseptique, comme en témoigne son usage millénaire pour conserver les viandes ou pour les marinades des gibiers faisandés.

UTILISATIONS

- Utilisations médicinales : compresses sur le front contre les sinusites, gargarismes et lavages de bouche dans le cas d'angine et d'infection bucco-pharyngée, décoction pour désinfecter les plaies, compresses sur les abcès, les contusions, les névralgies.
- Marinades, courts-bouillons, ragoûts, daubes, bourguignons.
- Grillades et brochettes : glissez quelques feuilles de laurier sur la braise ou sur le gril.

Dans tous les cas, seul ou en bouquet garni, on ne met que quelques feuilles, car le laurier-sauce a un goût très fort.

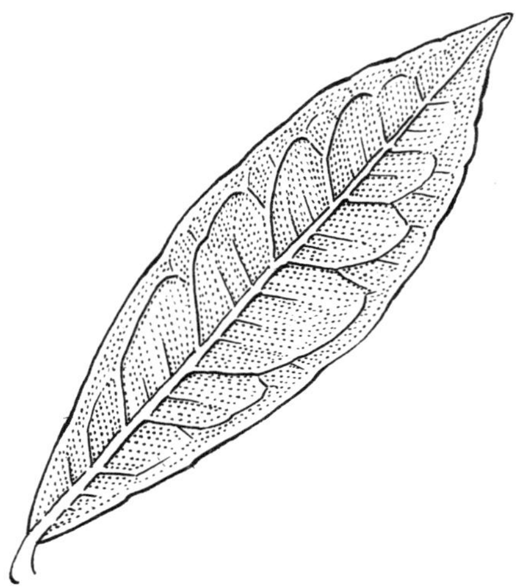

Lavandes

Lavandula latifolia
Lavandula officinalis
Lavandula stœchas

LABIÉES

Vivaces
Pot, pleine terre
Hauteur : 50-80 cm
Espacement : 60-80 cm
Semis : mars-avril
Plantation : février à novembre
Récolte : juillet à septembre

La lavande possède un certain effet anti-poux : il suffit de se frictionner préventivement les cheveux avec un peu d'essence de lavande diluée (2-3 gouttes pour un demi-verre d'eau) ou de l'eau de lavande maison.

Il y a trois espèces de lavande :
- la lavande aspic ou grande lavande (*Lavandula spica = Lavandula latifolia*) : feuilles larges (4 à 6 fois plus longues que larges). Vient assez bien en tous terrains ;
- la lavande officinale ou lavande vraie (*Lavandula officinalis*) : feuilles étroites (8 fois plus longues que larges). Préfère les terrains calcaires ;
- les lavandins sont des hybrides de ces deux espèces.
- Lavandula stœchas, typique avec ses grands pétales violets. Préfère les terrains siliceux.

Attention aux dénominations, qui varient parfois. La forme des feuilles est la principale différence entre ces espèces.

CULTURE

Semis possible mais aléatoire ; les plantules sont difficiles à repiquer. Les lavandes aiment

Lavande stœchas

Lavande aspic

Lavande vraie

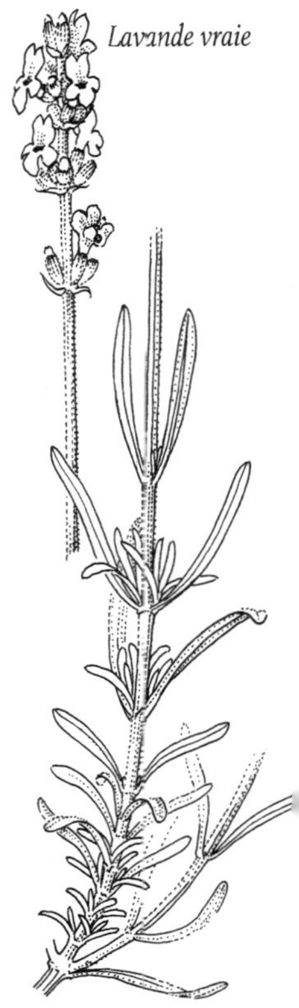

les sols et terreaux légers. Plantez assez espacé car chaque pied a besoin d'un maximum d'air et de lumière.
Désherbez et paillez au pied. Taillez au plus tard après la floraison.

RÉCOLTE
Les épis sont récoltés l'après-midi par grand soleil, lorsque la majorité des fleurs sont épanouies. Cela correspond au maximum d'activité des insectes butineurs.

PROPRIÉTÉS
Sédatives et insectifuges.

UTILISATIONS
- Tisane légère (à peine colorée), dans le cas de migraine digestive ou de toux spasmodique.
- Décoction : appliquée en compresses sur les contusions, entorses, douleurs rhumatismales ou foulures. Cette décoction peut servir à faire des bains sédatifs.
- L'eau de lavande peut être utilisée pour frictionner une piqûre d'insecte, après avoir, le cas échéant, enlevé le dard. Cette eau est obtenue en faisant macérer 30 g de fleurs fraîches dans 500 ml d'alcool à 40° pendant un mois. Filtrer. Selon certains, l'essence de lavandin, appliquée aux endroits sensibles du corps, protégerait des aoûtats.
- Sachets de fleurs dans les armoires pour éloigner les mites, poux ou puces. On frottait autrefois les pieds des lits avec un peu d'essence de lavande pour contrarier la montée des punaises.
- Pas d'usage culinaire, semble-t-il.

Marjolaine

Origanum majorana

LABIÉES

Vivace
Pot, pleine terre
Hauteur : 20-40 cm
Espacement : 30 cm
Semis : février à juin
Plantation : avril à juin
Récolte : juillet à novembre

Ne pas confondre :
– la marjolaine française *(Origanum majorana)*, l'origano des Italiens, plante vivace méditerranéenne fragile, souvent cultivée et présentée comme annuelle en France, aux feuilles d'un vert laiteux, et aux fleurs en coquilles, blanches, très parfumées ;
– l'origan français *(Origanum vulgare)*, plante vivace commune résistant au froid, moins parfumée que la marjolaine, à feuillage vert foncé, à tige plus ou moins teintée de rouge, à fleurs roses à violettes.

CULTURE
Semis à chaud (vers 15 °C) en février-mars, repiquage en godets puis plantation à partir de mai ; semez très clair, à peine recouvert… et attention à la fonte des semis. Plantez à 0,30 m d'écartement. Désherbez, binez, paillez, arrosez.
Pour l'hiver, couvrez abondamment (paille ou voile non-tissé), ou rentrez un pot pour prolonger la récolte.

RÉCOLTE
Au fur et à mesure des besoins. Pour les provisions d'hiver, récoltez en milieu de matinée par une journée sèche et ensoleillée.

PROPRIÉTÉS
Antispasmodique et sédative.

UTILISATIONS
– Une excellente tisane du soir en cas d'insomnies digestives, d'anxiété…
– Usages divers : bains fortifiants (décoction), infusion pour la voix, inhalation…
– La marjolaine est l'herbe des tomates cuites (coulis de tomates, pizzas, osso bucco…). Elle peut remplacer le thym.
– Assaisonnement des gratins (gratins de poisson, gratin dauphinois, etc.).

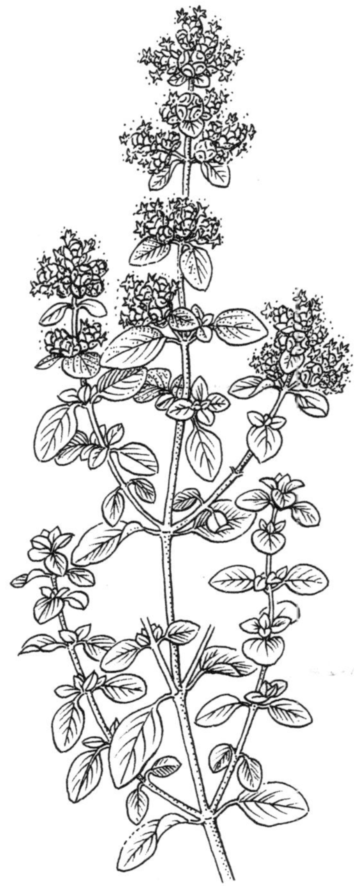

Mélisse citronnelle

Melissa officinalis

LABIÉES

Vivace
Terrasse, pleine terre
Hauteur : 40-90 cm
Espacement : 50 cm
Semis : février-mars
Plantation : mai à octobre
Récolte : avril à octobre

région sud *région nord*

La mélisse est très envahissante : le moindre morceau de racine peut repartir et elle se ressème volontiers. Choisissez-lui un endroit à l'écart des cultures qu'elle pourrait étouffer. Ne confondez pas la mélisse citronnelle avec la citronnelle (nom botanique : *Cymbopogon*), graminée tropicale dont est extraite l'essence de citronnelle répulsive des moustiques. La mélisse a quand même une action anti-moustique, moins forte que celle de la vraie citronnelle.

CULTURE

Un seul pied de mélisse satisfera largement vos besoins. Le plus simple est donc de l'acheter ou de planter un éclat.
La mélisse aime les lieux un peu frais, de préférence exposés au soleil du matin. Afin qu'elle ne jaunisse pas en fin de printemps – dans les régions chaudes –, vous la couperez court à l'arrivée des chaleurs ; elle émettra vite des nouvelles pousses bien vertes. Taillez-la court à l'entrée de l'hiver, saison qu'elle passe à l'état de touffe rase. Pour limiter l'envahissement, arrachez régulièrement ce qui dépasse de la zone que vous avez accordée à votre plant.

RÉCOLTE

Au fur et à mesure des besoins. Pour sécher, récoltez par temps sec, un peu avant la floraison. Vous pouvez faire plusieurs coupes de feuillage bien vert. Faites sécher rapidement en couches minces et en remuant souvent pour éviter le noircissement des feuilles.

PROPRIÉTÉS

Antispasmodique et stimulante, elle pourra avoir un effet bénéfique dans les crampes d'estomac d'origine nerveuse, les digestions difficiles, la nervosité.

UTILISATIONS

- Infusions toniques pour les appareils respiratoire et digestif.
- Les feuilles fraîches en frictions calment les piqûres (insectes, orties...).
- Assaisonnement des salades, des courts-bouillons, des poissons au four, des potages, des marinades et même des champignons.

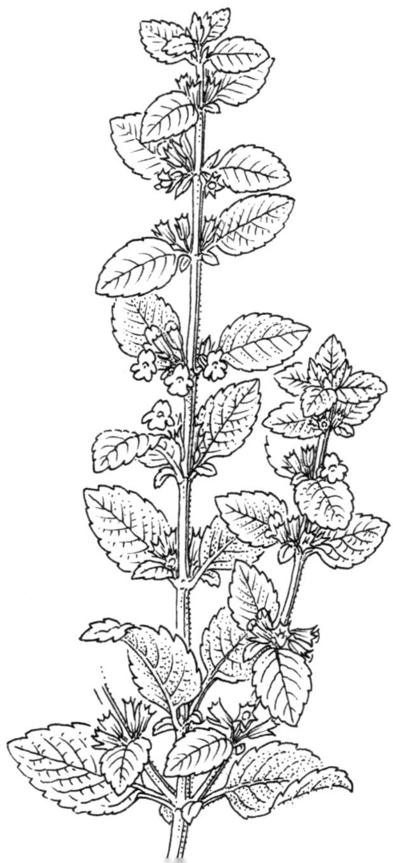

Menthes

Mentha *(plusieurs espèces)*

LABIÉES

Vivaces
Pot, pleine terre
Hauteur : 10-70 cm
Espacement : 40 cm
Plantation : février à octobre
Récolte : mars à octobre
Division du pied : février à octobre

N'achetez pas de graines de menthe ! Espèces et variétés s'hybridant très facilement, seule la multiplication végétative peut reproduire fidèlement une souche donnée. Méfiez-vous des dénominations fantaisistes : une menthe se choisit et se reconnaît d'abord à son odeur.

ESPECES ET VARIÉTÉS

Près de 140 espèces et variétés de menthes sont recensées dans la grande flore de Bonnier. Quelques types intéressants :

– menthe poivrée : celle de l'alcool de menthe, du Riclès. Feuilles et tiges vert foncé, avec des nuances plus ou moins brun-rouge ; la plus stimulante ; peut remplacer le café ;

– menthe verte : celle du thé à la menthe, du taboulé. Nombreuses formes de feuilles, toutes vert franc. La plus utilisée en cuisine ;

– menthe bergamote : feuilles rondes vert-rouge foncé ; parfum de l'orange bergamote, très camphré ;

– menthe citron : parfum très délicat où se mêlent menthe et citron ; feuilles panachées de vert franc et de jaune citron. A découvrir dans la cuisine ;

– menthe Pouliot : plante et feuilles relativement petites ; parfum franc et fort de menthe ; plutôt médicinale ;.

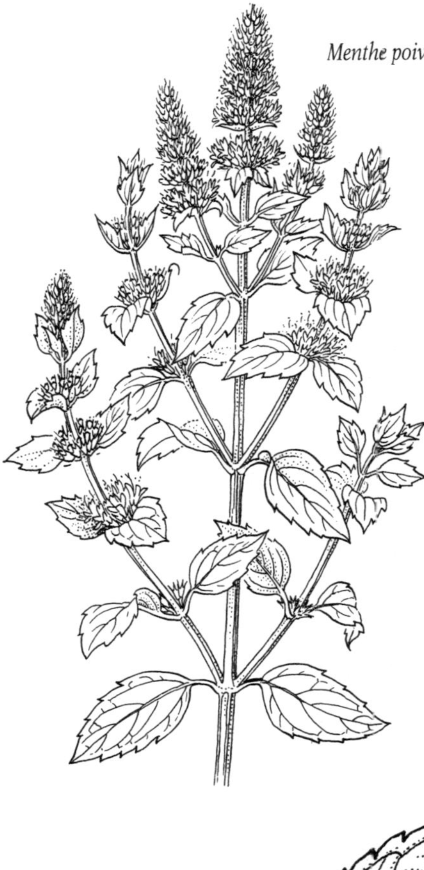

Menthe poivrée

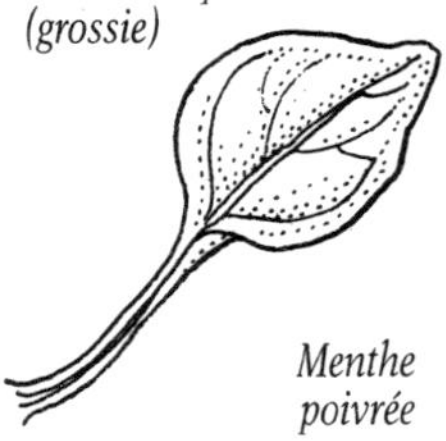

Menthe Requieni (grossie)

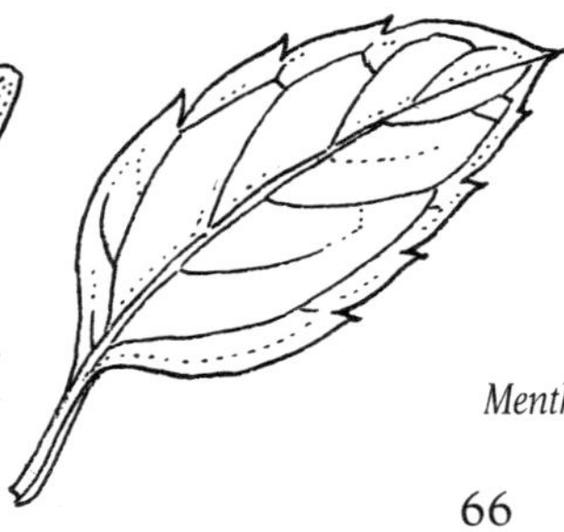

Menthe poivrée

Menthe Pouliot

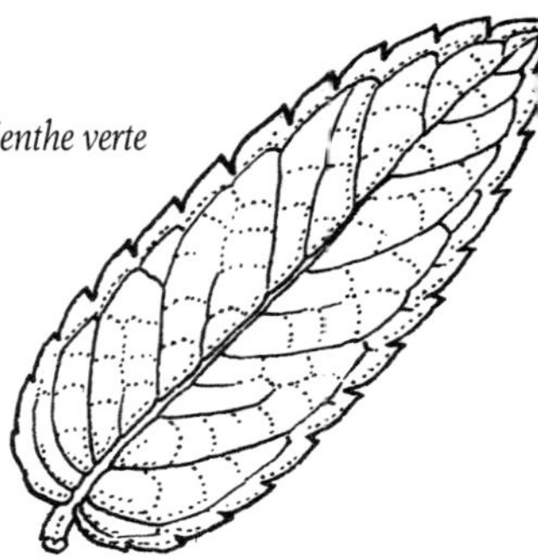

Menthe verte

- menthe Requieni (mousse de Corse) : la plus petite des menthes d'Europe (0,5 cm) ; parfum extraordinaire, il suffit de l'effleurer. Pour culture en pot à l'ombre.

Plantes voisines :
- balsamite ou menthe-coq (*Chrysanthemum balsamita*) : parfum très proche de celui de la menthe mais les deux plantes sont bien différentes (voir fiche Balsamite) ;
- micromérie (Labiées) : un parfum encore plus fort que celui de la menthe poivrée ; une plante qui aime la chaleur ;
- calaments (*Calamintha spp.*) (Labiées) : utilisables comme les menthes, très stimulants ; les sujets nerveux feront l'essai de ces plantes progressivement, et le matin pour tester leurs effets sur la vigilance.

CULTURE

Au soleil, les menthes sont rarement belles. Préférez une exposition mi-ombragée, avec une terre, fraîche et riche. Pour donner une belle récolte de feuilles tendres, les menthes doivent être coupées régulièrement. Elles sont toutes envahissantes : placez-les en bordures et limitez leur expansion.
Lorsque le feuillage tombe à l'automne, désherbez soigneusement au pied pour faciliter le démarrage printanier. Marquez l'emplacement de chaque touffe (pour le motoculteur). Au printemps, toutes les variétés ne démarrent pas en même temps ; les retardataires ne sont pas obligatoirement mortes.

RÉCOLTE

Cueillez régulièrement par branches entières.

PROPRIÉTÉS

Menthe Pouliot : expectorante et sédative de la toux (bronchite, coqueluche). Menthe Requieni : Valnet signale la décoction de mousse de Corse comme vermifuge.
Autres menthes : toniques, stimulantes, antispasmodiques et bactéricides.
Attention, la tisane de menthe prise l'après-midi ou le soir peut empêcher certaines personnes de dormir.

UTILISATIONS

- La plus classique pour la cuisine et le thé à la menthe, c'est la menthe verte ; la menthe poivrée est plutôt conseillée en tisane.
- Menthe verte ou menthe citron : toutes les salades et crudités, concombre au yaourt, purée de courgettes au fromage blanc, crudités assaisonnées de laitages, taboulé, etc.
- Poissons au court-bouillon ou en gelée, grillades, légumes, viandes en sauces. Vous pensez comme beaucoup que le symbole du mauvais goût culinaire est le gigot bouilli sauce à la menthe typiquement britannique... Mais non ! c'est une vieille recette hexagonale.
- On frictionnait autrefois les animaux avec une infusion de menthe Pouliot pour chasser les puces.

MENTHE ET HOMÉOPATHIE

La consommation de menthe serait, selon certains auteurs, incompatible avec les traitements homéopathiques. Cependant, d'après les Laboratoires Boiron, « l'action inhibitrice qui est reprochée à la menthe depuis des décennies ne semble pas encore démontrée... » (Dr Picard, L'homéopathie du pharmacien).

Origan

Origanum vulgare

LABIÉES

Thé rouge
Vivace
Pot, pleine terre
Hauteur : 30-70 cm
Espacement : 40 cm
Semis : mi-février à mai
Plantation : mars à mi-octobre
Récolte : mars à novembre
Division du pied : mi-février à mi-mai

Ne pas confondre l'origan français (*Origanum vulgare*), encore appelé « marjolaine sauvage » ou « marjolaine bâtarde », plante vivace commune partout en France, à feuilles moyennes vert foncé à nuances rougeâtres, et la marjolaine (*Origanum majorana*). Attention à l'identité des plants et graines qui vous seront proposés.

CULTURE

L'origan est assez facile à semer, moyennant un repiquage intermédiaire. Vous pouvez également l'acheter sous forme de plant. Il aime les terres bien drainées, mais se montre très rustique une fois installé. Selon la rigueur du climat, il passe l'hiver en gardant ses parties aériennes ou sous forme de rosette. On peut le tailler après la floraison, et en fin d'automne.

RÉCOLTE

Pour la cuisine, on pourra se servir au fur et à mesure des besoins. Pour la tisane, on récoltera feuilles et fleurs en début de floraison.

PROPRIÉTÉS

Expectorant, sédatif de la toux, stimulant.

UTILISATIONS

– Très agréable dans les grillades, les sauces, les bouillons... et tous les usages de la marjolaine, bien que l'origan soit moins parfumé que sa cousine méditerranéenne.
– Dans certaines régions, on en faisait un « thé » (infusion légère), d'où son nom de « thé rouge ».

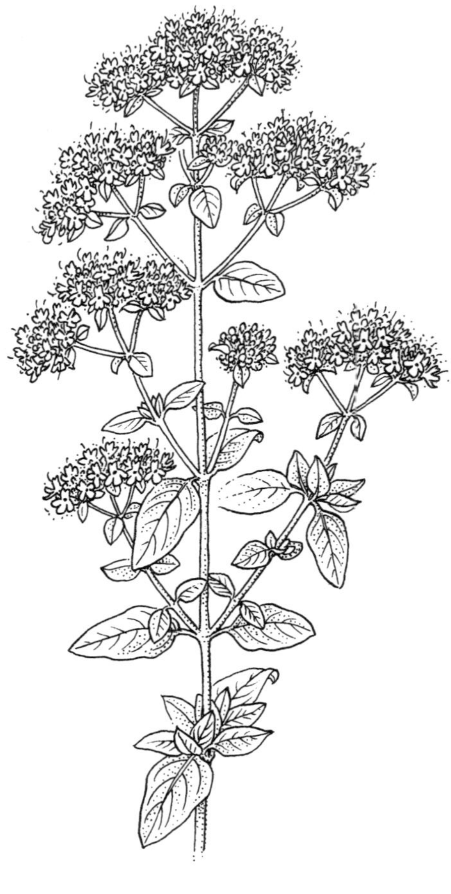

Oseille

Rumex acetosa

POLYGONACÉES

Vivace
Terrasse, pleine terre
Hauteur : 30 cm
Espacement : 15 cm
Semis : mars à mai
Plantation : février à août
Récolte : avril à mi-novembre

L'oseille contient des oxalates, substances qui peuvent la rendre indigeste, au moins crue, pour certaines personnes à l'estomac délicat. On la déconseille aux rhumatisants, goutteux, et aux personnes à l'estomac fragile ou sujettes aux calculs ou aux problèmes pulmonaires.

CULTURE
Rustique et peu exigeante, l'oseille se plante en bordures, où elle peut durer des années.
L'oseille dite « vierge » ne donne pas de graines : on la multiplie en divisant les touffes. Pour les autres variétés, semez clair et éclaircissez rapidement. Arrosez s'il fait sec, pour avoir des feuilles tendres. Coupez régulièrement le feuillage. Désherbez soigneusement avant l'hiver pour éviter que l'herbe n'étouffe les repousses au printemps.

RÉCOLTE
L'oseille doit être utilisée très fraîche ; cueillez-la donc au fur et à mesure, et de préférence le matin (surtout par temps sec), car chaleur et sécheresse accentuent son goût déjà fort.

PROPRIÉTÉS
L'oseille a quelques vertus laxatives et diurétiques. On peut utiliser la feuille fraîche en friction contre les piqûres d'ortie.

UTILISATIONS
– Crue, l'oseille peut être hachée dans les salades, mais à dose très modérée.
– Cuite : en potage, dans les omelettes, dans les sauces ou dans les potées de légumes. L'oseille étant très acide, il est déconseillé de la cuire dans un récipient en cuivre ou en toute autre matière oxydable.

Parcel

Variété horticole

OMBELLIFERES

Bisannuel
Pot, pleine terre
Hauteur : 20-40 cm
Espacement : 20 cm
Semis : février à mai
Plantation : avril à juillet
Récolte : avril à mi-novembre

Hybride de persil et de céleri, apparu il y a quelques années sur le catalogue du grand marchand grainier britannique Thompson and Morgan. Le parcel ressemble à du persil frisé, mais son goût est celui du céleri.

CULTURE
Le parcel aime les terres et terreaux riches et bien drainés. Semis à chaud (15 à 18 °C) en bacs ou godets ; un repiquage peut renforcer la plante. Semez juste avant la nouvelle lune. Ne l'installez pas dehors tant que des gelées sont à craindre. Pour avoir du parcel tôt en saison, préférez le semis d'intérieur. Arrosez très régulièrement, et uniquement le matin. Pour l'hiver, paillez abondamment les plants en pleine terre, ou prévoyez une potée, à rentrer dans la maison.

RÉCOLTE
Comme du persil.

UTILISATIONS
– Les mêmes que pour le persil.

Persil

Petroselinum sativum

OMBELLIFERES

Bisannuel
Pot, pleine terre
Hauteur : 20-40 cm
Espacement : 10 cm
Semis : février à septembre
Récolte : avril à mi-novembre

Le persil a de tous temps été utilisé pour tarir la sécrétion de lait. Les femmes qui allaitent l'éviteront, sauf en compresses en cas d'engorgement des seins et au moment du sevrage.

CULTURE

On distingue trois variétés :
– le persil à feuilles simples ou persil commun : il est considéré comme le plus parfumé ;
– le persil frisé, plutôt utilisé pour la décoration des plats et des éventaires ;
– le persil d'Italie : parfumé, de fort développement, résistant au gel.

Le persil aime les sols et terreaux riches et bien drainés. Le semis est délicat et la levée capricieuse ; essayez les trucs suivants :
– avant de semer, placez les graines quelques jours en haut du réfrigérateur ;
– ou faites tremper les graines 24 heures dans de l'eau à 15 à 20 °C, puis laissez-les ressuyer environ une heure avant de semer ;
– semez en godets et à chaud (12 à 15 °C).

Pour avoir du persil plus tôt, semez à l'intérieur et ne plantez qu'après les dernières gelées. Semez juste avant la nouvelle lune. Ne repiquez pas à racines nues, les plants monteraient en graine rapidement. Si vous achetez des plants en pots, vérifiez leur enracinement et évitez ceux qui, visiblement, ont traîné des mois sur des présentoirs.

Par la suite maintenez le sol bien frais par des arrosages fréquents, paillez. Pour les ennemis du persil, voir Ache de montagne. En dehors des zones littorales à hiver doux, protégez votre culture.

RÉCOLTE

Récoltez les feuilles au fur et à mesure de vos besoins, en commençant par le pourtour de la touffe.

Persil simple

Persil d'Italie

Persil frisé

PROPRIÉTÉS

Le persil est un aliment très riche, puisque 100 g peuvent contenir 19 mg de fer, 0,9 mg de manganèse, 240 mg de vitamine C, 50 mg de provitamine A.

Il est stimulant, anti-anémique, dépuratif et diurétique.

C'est aussi un antilaiteux. Le suc frais a des propriétés calmantes pour les yeux dont on peut profiter en cas de conjonctivite.

UTILISATIONS

Il a été accommodé à toutes les sauces. Pour conserver sa richesse (vitamines A et C en particulier), le persil doit être le moins cuit possible : ajoutez-le en fin de cuisson sur les potages, les omelettes, etc. Cuit, il garde quand même un grand intérêt diététique par sa richesse en minéraux et en huiles essentielles.

LE PERSIL-RACINE

Il s'agit d'une variété cultivée pour sa racine, qui est longue, épaisse et blanchâtre, comme une carotte blanche. C'est un légume plus qu'une plante aromatique. Semez comme le persil, en lignes distantes de 30 cm, éclaircissez à 10 cm. Demande une terre profonde et bien ameublie. Maintenez le sol frais par des arrosages et paillez entre les lignes.

Les racines seront récoltées à l'automne ; elles peuvent passer l'hiver dehors, mais craignent les températures inférieures à –10 °C et les rongeurs. Usages variés : crudités ou tous usages des légumes-racines.

Piment

Capsicum annuum

SOLANACÉES

Annuel
Pot, pleine terre
Hauteur : 60 cm à 1 m
Espacement 50-60 cm
Semis : mars.
Repiquage : avril
Plantation : mai
Récolte : août à novembre

Poivron ou piment ? On confond souvent l'un et l'autre. L'appellation « poivron » recouvre les variétés de saveur douce consommées comme légumes. Le piment proprement dit est un aromate dont la saveur piquante est due à la présence de capsicine dans le fruit.

Le piment – plante d'origine tropicale – est très exigeant en chaleur. En dehors des régions méridionales, seules les variétés précoces donnent de bons résultats en pleine terre. La variété la plus courante est le piment de Cayenne, long et de la grosseur d'un doigt.

CULTURE

Le semis se fait à chaud (20 à 25 °C) en recouvrant à peine les graines. Après repiquage intermédiaire, les plants sont mis en place lorsque les derniers froids sont passés (comme pour les tomates). Vous avez intérêt à soutenir la plante par un petit tuteur (60 à 80 cm de haut).

A la différence des poivrons, qu'il faut tailler pour avoir une belle récolte, le développement des piments est libre. Bien qu'aimant la chaleur, le piment ne peut se passer d'eau. Des arrosages réguliers sont nécessaires pour assurer la formation de nombreux fruits. Par contre, pour obtenir des fruits plus forts en goût, limitez les apports d'eau en fin de croissance, lorsque les fruits mûrissent.

RÉCOLTE

Les fruits sont récoltés à des stades différents selon les usages :

- verts et charnus : consommation en frais, conservation à l'huile ;
- orange (avant de virer au rouge) : séchage ;
- rouges : pour réduire en poudre.

Si vous les récoltez bien rouges, ils seront moins charnus et leurs graines seront mûres, donc dures.

PROPRIÉTÉS

Excitant, sudorifique, antiscorbutique.

UTILISATIONS

De l'Amérique du Sud au Mexique, du pourtour méditerranéen à l'Inde et à l'Asie, toutes les cuisines fourmillent de recettes pimentées.

Ajoutez-en une pointe dans les ratatouilles niçoises et autres plats méridionaux relevés.

Pimprenelle

Poterium sanguisorba

ROSACÉES

Vivace
Pleine terre
Hauteur : 30-50 cm
Espacement : 8 cm
Semis : mars à juin et septembre-octobre
Récolte : toute l'année

La petite pimprenelle est la plus appréciée comme condiment, mais il y a une autre espèce – la grande pimprenelle (*Sanguisorba officinalis*) – qui était réputée autrefois comme fourrage.

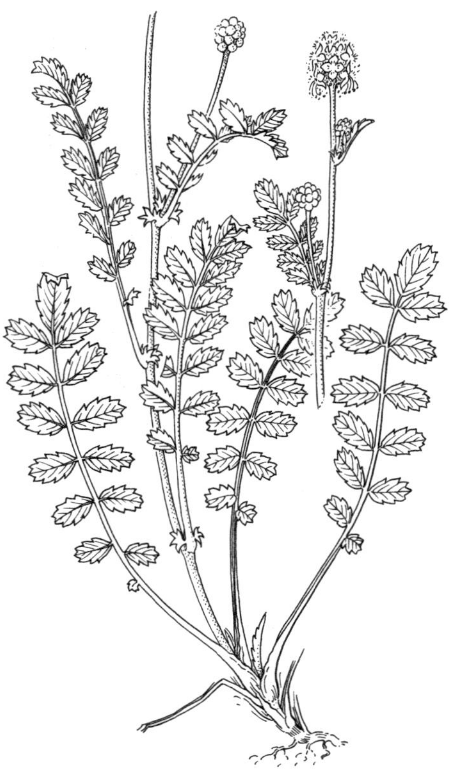

CULTURE
La pimprenelle est très rustique. Elle ne craint que les terres trop lourdes. Les semences sont des glomérules de deux graines. Semez des graines fraîches (de l'année) juste avant la nouvelle lune. Une fois implantée, la pimprenelle croît même sous la neige et garde ses feuilles pendant la sécheresse. Cependant, pour avoir des feuilles tendres, coupez les tiges florales dès leur apparition, cueillez régulièrement pour favoriser l'apparition de jeunes pousses, et arrosez.

RÉCOLTE
On cueille les jeunes feuilles toute l'année.

PROPRIÉTÉS
Astringente. Riche en vitamine C. Elle stimule la production de lait. Les feuilles fraîches calment les brûlures et favorisent leur cicatrisation.

UTILISATIONS
– Le goût de la pimprenelle rappelle celui du concombre, avec même une pointe de poivre vert et de châtaigne crue.
– Crue : salades et crudités.
– Cuite : soupes, omelettes, ou avec les tomates.
– On peut mettre les boutons floraux ou les jeunes fruits au vinaigre, comme des câpres ou des capucines.
– Infusion en cas de diarrhée.

Raifort

Armoracia rusticana

CRUCIFERES

Vivace
Pleine terre
Hauteur : 60 cm
Espacement : 50 cm
Plantation : mars à octobre
Récolte : janvier à mars et août à décembre

Le raifort ne doit pas être confondu avec :
– le radis noir (*Raphanus sativus niger*) appelé aussi parfois « racine forte » (= raifort) ;
– le raifort de l'Ardèche (*Raphanus sativus campestris*), autre forme de radis d'hiver, à racine blanchâtre.

CULTURE

Plante stérile qui ne se multiplie que par éclats ; il faut donc commencer par en trouver dans le commerce ou dans un jardin. On prélève des éclats comprenant un morceau de racine et un bourgeon.

Pour avoir de belles racines, il faut une terre profonde et riche. Arrosez régulièrement pour éviter d'avoir des racines fibreuses et « boisées ». Désherbez, binez, paillez. Eliminez la hampe florale.

Comme les parties aériennes disparaissent l'hiver, marquez l'emplacement avec un piquet s'il se trouve à portée d'un motoculteur ou d'une bêche !

RÉCOLTE

Elle se produit à partir de la deuxième année de culture, à l'automne, soit en prélevant les racines périphériques, en laissant le centre, soit en arrachant tout le pied. Replanter quelques éclats et garder les plus belles racines pour la consommation. En Alsace, un proverbe dit qu'« on récolte le raifort les mois en R » (septembre à avril).

PROPRIÉTÉS

Attention : le raifort est déconseillé aux personnes à l'appareil digestif délicat. A forte dose, il peut devenir vomitif. Le raifort est antiscorbutique, anti-anémique, tonique digestif, expectorant.

UTILISATIONS

– Les racines sont soigneusement lavées, brossées et séchées. Découpées en petits morceaux, elles peuvent se conserver de différentes façons : mélangées à d'autres légumes pour la lacto-fermentation(1) ; râpées et recouvertes de vinaigre chaud (comme des cornichons ou des pickles) ; congelées.
– On les utilise : broyées et malaxées avec du beurre ; frottées sur des croûtons pour accom-

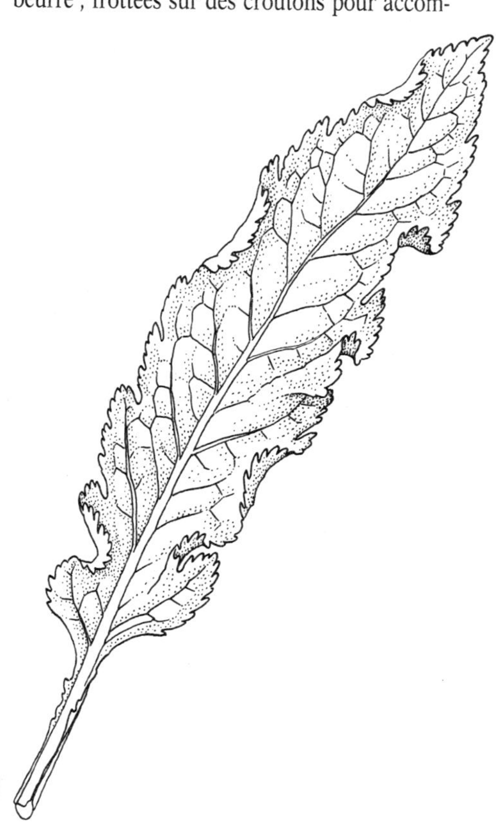

pagner soupes ou plats cuisinés ; râpées, additionnées d'un peu de sel et de vinaigre : dans les salades, sauces, rémoulades, mayonnaises ; cuites : avec le bœuf rôti ou bouilli, le gibier ou le poisson.

– En cas de bronchite, on peut faire le sirop suivant : couper les racines en fines rondelles ; disposer celles-ci en alternant avec du sucre dans un filet suspendu au-dessus d'un plat ; recueillir le liquide sirupeux et en consommer 1 ou 2 cuillerées à soupe par jour.

– Dans le cas d'affections pulmonaires ou de douleurs rhumatismales, on peut faire des cataplasmes de racines râpées mélangées à de la farine ; ils seraient même supérieurs aux cataplasmes de moutarde.

(1) Voir « Des crudités toute l'année : les légumes lacto-fermentés », Ed. Terre Vivante.

Réglisse

Glycyrrhiza glabra

PAPILIONACÉES

Vivace
Pleine terre
Hauteur : 30 cm à 1 m
Espacement : 1 m
Plantation : mars à mai et août-septembre
Repiquage (3e année) : août à mi-novembre

La racine de réglisse contient un principe âcre très soluble dans l'eau ; les infusions seront donc faites à l'eau tiède pour bénéficier des principes actifs tout en extrayant le moins possible d'amertume.

CULTURE

La réglisse se multiplie par plantation de fragments de racines porteurs de bourgeons. Sa racine étant longue, il lui faut une terre ameublie en profondeur, ainsi que plutôt riche et bien drainée. L'exposition sera éclairée et fraîche, c'est-à-dire est ou ouest plutôt que plein sud.
La souche émet des rejets souterrains atteignant 8 mètres de long, que vous récolterez la troisième année. Elle est très rustique au froid car ses racines s"enfoncent très profond. Il faut arroser suffisamment au cours de la troisième année pour avoir des racines tendres.

RÉCOLTE

A l'automne de la troisième année, vous récolterez les racines. Vous les laverez et les brosserez très soigneusement ; après les avoir coupées en tronçons d'une dizaine de centimètres, vous les ferez sécher, si possible près d'une source d'air tiède. Vous aurez pris soin de mettre de côté des morceaux de racines pourvus de bourgeons pour la prochaine plantation.

PROPRIÉTÉS

L'usage traditionnel des bâtons de réglisse correspond à des propriétés médicinales : la réglisse est un bon complément des traitements de la toux et des affections des voies respiratoires, bronchites, trachéites, rhumes, car elle fluidifie les sécrétions (propriétés expectorantes). La réglisse est un antispasmodique digestif. Elle est, de plus, rafraîchissante et diurétique.
Attention : l'abus de réglisse – mâchée ou en infusion – peut provoquer de l'hypertension.

UTILISATIONS

– Pour faire l'infusion, deux possibilités :

1) on fait macérer 5 heures dans de l'eau froide un morceau de racine écrasée (30 à 50 g/l d'eau) ;

2) on fait infuser dans de l'eau tiède ou chaude – mais non bouillante – de la racine écrasée.

– Les plus belles racines – d'un beau jaune quand on les coupe – peuvent être mâchées.

– L'été, vous pouvez faire macérer des morceaux de racines dans de l'eau froide avec des rondelles de citron... et vous obtiendrez la « coco », boisson rafraîchissante que l'on consomme diluée dans de l'eau fraîche.

– En fleur, la réglisse forme des massifs très décoratifs.

Rhubarbe

Rheum rhaponticum

POLYGONACÉES

Vivace
Pleine terre
Hauteur : 80 cm à 1,50 m
Espacement : 1 m
Semis : mars-avril
Repiquage : avril à juin et mi-août à mi-novembre
Division du pied : février-mars et mi-août à mi-novembre

Les feuilles de rhubarbe – riches en acide oxalique – sont toxiques : on n'utilise que les pétioles ; pour en avoir de beaux, supprimez les tiges florales dès leur apparition.

CULTURE
Le semis est déconseillé à l'amateur, de même que la plantation de jeunes plants, car il faut alors plusieurs années pour obtenir une production normale. Préférez la plantation d'éclats de vieux pieds. La rhubarbe exige une terre fraîche, riche et bien drainée, et de la lumière. Elle craint par-dessus tout la chaleur et la sécheresse. Pour maintenir une humidité suffisante, paillez abondamment au pied et arrosez régulièrement.
La plante sera toujours plus petite dans le Midi que dans le Nord.
Elle passe l'hiver à l'état de souche : donc, désherbez bien et repérez soigneusement son emplacement.

RÉCOLTE
On récolte les tiges (en fait : les pétioles) au printemps et au début de l'été ; pour cela, on les détache en les inclinant vers l'extérieur et en tirant d'un coup sec ; on cueille celles du pourtour, de façon à ce que celles du centre se développent.

PROPRIÉTÉS
La rhubarbe est reconstituante et anti-anémique. C'est un purgatif, mais ce premier effet peut être suivi de constipation ; il est donc préférable de ne pas en consommer régulièrement.
Contre-indications : hémorroïdes, goutte, lithiase oxalique.

UTILISATIONS
– Pour éplucher les tiges, on enlève la membrane qui les recouvre avec un couteau pointu.
– La rhubarbe sert à préparer des compotes, des marmelades, des confitures, des tartes, des croustades, etc. On peut l'aromatiser avec un zeste de citron ou un morceau de tige d'angélique. On peut aussi l'utiliser dans des préparations salées : côtes de porc, gibier, etc.
– En Angleterre et en Belgique, on fabrique un vin de rhubarbe.

Romarin

Rosmarinus officinalis

LABIÉES

Vivace
Terrasse, pleine terre
Hauteur : 1 à plusieurs mètres
Espacement : 50 cm
Plantation : mi-mars à mi-octobre
Récolte : toute l'année

Le romarin est un stimulant du système nerveux. Vous pouvez prendre un bon bol de tisane de cette plante pour démarrer la journée ou après le repas de midi, à la place du café.

CULTURE

Le semis est possible, mais la levée est aléatoire. Le bouturage se fait en mars-avril en enterrant à mi-hauteur des tronçons de tiges de 15 cm. Vous pouvez acheter des boutures enracinées, en pots ou conteneurs. Vous en trouverez parfois à racines nues chez certains pépiniéristes ; c'est moins cher, mais la reprise ne sera pas aussi facile. L'avantage des plants en pots, c'est qu'ils peuvent se planter presque toute l'année, hors périodes de gel.

Le romarin redoute par-dessus tout les terres lourdes. Jusque vers -15 °C, il résiste au froid. Si vous voulez en faire une haie ou une bordure, ne cherchez pas à faire touffu ; le romarin a besoin de lumière sur toutes ses feuilles.

RÉCOLTE

Au fur et à mesure des besoins, en évitant de tailler en brosse : coupez des branches entières partant de la base. Le romarin sèche facilement, suspendu en bouquets.

PROPRIÉTÉS

C'est un stimulant général et un antiseptique pulmonaire. Il est digestif et hépatique.

UTILISATIONS

– En infusion.

– En décoction : gargarismes, bains stimulants (ajouter de la décoction à l'eau du bain) ; bains de bouche contre les aphtes (associé à la sauge), compresses (douleurs rhumatismales).

– Pour les grillades – viandes, poissons, galettes –, il suffit d'en mettre quelques feuilles, son goût étant assez prononcé. Le romarin fait partie du bouquet garni et des marinades. Il peut accompagner des plats en sauce, des ragoûts ou des potées. Certains trouvent les feuilles de romarin trop coriaces et d'un goût trop fort, et n'aiment pas en trouver dans les plats cuisinés. A chacun d'en faire l'essai.

Roquette

Eruca sativa

CRUCIFERES

Annuelle
Terrasse, pleine terre
Hauteur : 10-40 cm
Espacement : 8 cm
Semis : mars à juin et septembre-octobre
Récolte : avril à juillet et octobre à décembre

La graine de roquette est très riche en huile : on peut, paraît-il, en faire une moutarde (graines broyées à l'ancienne) au goût très relevé.

CULTURE

Très rustique et frugale, la roquette pousse même en sol pauvre, mais son goût est alors très fort. Semez-la en place juste avant la nouvelle lune. Eclaircissez, désherbez, binez, paillez, arrosez régulièrement. En zone sèche et chaude, faites des semis réguliers car elle monte vite en graine.
La roquette résiste bien au froid, comme la mâche.

RÉCOLTE

Elle commence 4 à 6 semaines après le semis, et se poursuit jusqu'à la floraison. Cueillie le matin, la plante a un goût moins fort.

PROPRIÉTÉS

Tonique général. La roquette aurait été, autrefois, interdite de culture dans les jardins des couvents à cause de sa réputation de... stimulant sexuel !

UTILISATIONS

- Comme la pimprenelle et le cresson alénois.
- Salade, en mélange avec les salades d'hiver ou de printemps.
- Comme condiment dans l'assaisonnement des crudités, des légumes, des viandes, des canapés ou des fromages, ou en garniture.
- Son goût assez fort est apprécié dans les soupes, potages, pot-au-feu, etc.

Rue

Ruta graveolens

RUTACÉES

Vivace
Pot, pleine terre
Hauteur : 50-80 cm
Espacement : 60 cm
Plantation : février à octobre
Récolte : avril à mi-novembre
Division du pied : mars à mai

La rue est une plante toxique, réputée abortive à forte dose ; elle doit être utilisée avec précaution, en très petites quantités.

CULTURE

La rue est très facile à faire pousser : elle se plaît aussi bien dans une rocaille en plein soleil que dans un sol lourd et à l'ombre. Elle résiste bien au froid et constitue toute l'année de jolis massifs avec ses feuilles dentelées et arrondies vert-bleuté.

Le semis est possible, mais aléatoire (prévoir la stratification des semences). Eclaircissez les pieds trop épais en taillant après la floraison.

RÉCOLTE

Feuilles : presque toute l'année (hors période de gelées). Fleurs : de juillet à septembre. Graines : en septembre-octobre.

PROPRIÉTÉS

Pas d'automédication à usage interne, cela pourrait être dangereux.

UTILISATIONS

- Un petit brin peut aromatiser pot-au-feu, poissons, œufs ou fromages fondus...
- Macérant dans de l'alcool, c'est la *grappa* des Italiens.
- La rue est un bon répulsif des insectes. Suspendre ou déposer des rameaux feuillés aux endroits à protéger.
- En usage externe : une décoction de 30 à 50 g/l de plante sèche détruirait les poux.

Sarriette

Satureia montana

LABIÉES

Pebre d'aï (occitan)
Vivace
Pot, pleine terre
Hauteur : 30-40 cm
Espacement : 30 cm
Semis : février-mars
Plantation : février à mi-novembre
Récolte : toute l'année

La sarriette que l'on trouve en bocaux sous forme de poudre dans le commerce est souvent peu parfumée. Pour lui conserver son arôme, gardez-la en branches entières que vous suspendrez à l'ombre, puis conserverez, une fois séchée, en sacs de papier kraft.

CULTURE

La sarriette est une plante de rocaille, il lui faut donc beaucoup de soleil et une terre bien légère, voire une rocaille reconstituée. Au semis, recouvrez à peine les graines et maintenez l'humidité par des arrosages très légers (brumisation).

Repiquez après 6 ou 8 semaines, puis plantez lorsque le pied est bien raciné. Une fois implantée, la sarriette ne demande guère d'entretien, si ce n'est un désherbage.

N'oubliez pas de la tailler après la floraison pour qu'elle redémarre.

RÉCOLTE

Au fur et à mesure des besoins. Pour les provisions, coupez des branches entières à la base, de façon à éclaircir la touffe.

La sarriette annuelle est plus fine avant la floraison.

Sarriette annuelle

Sarriette vivace

PROPRIÉTÉS

Antiseptique, tonique et stimulant de l'appareil digestif. La sarriette est l'« herbe-aux-fèves » ou l'« herbe-aux-fayots » (ou plutôt aux gaz des fayots !).

UTILISATIONS

- Infusion contre les rhumes, états grippaux, toux, etc.
- Décoction pour bains de bouche et gargarismes en cas d'angines, d'aphtes, de muguet.
- Feuilles et fleurs ont la même saveur, mais avec un goût plus piquant, plus poivré pour les fleurs.
- La sarriette facilite la digestion des légumes secs, des viandes en sauces, des daubes, des ragoûts.
- En Provence, elle parfumait traditionnellement les fromages de chèvre et de brebis.
- Très agréable sur les grillades, dans les farces, les galettes de céréales, les coquillages, les coulis de tomates, les ratatouilles, etc.

LA SARRIETTE ANNUELLE

La sarriette annuelle (*Satureia hortensis*) a des feuilles plus grandes et plus tendres que celles de la sarriette vivace.

Sa croissance est rapide, son goût moins épicé. Ses propriétés et ses usages sont les mêmes que ceux de la sarriette vivace.

La sarriette annuelle peut être utilisée dans les salades. Elle se cultive comme la marjolaine.

Sauge

Salvia officinalis

LABIÉES

Vivace
Pot, pleine terre
Hauteur : 40-80 cm
Espacement : 60-80 cm
Semis : février-mars
Plantation : février à octobre
Récolte : mars à novembre

La sauge est très individualiste et souvent mauvaise voisine. En particulier, évitez de planter thym ou sarriette à moins de 2 m de la sauge... Il arrive qu'un pied de thym meure parce qu'il est planté à côté d'une sauge.

CULTURE
La sauge pousse bien sur tous les sols pas trop compacts. Multiplication par semis (février-mars), boutures (mars-avril) ou éclats (mars ou automne).
Elle devient vite touffue : pensez à l'éclaircir assez vigoureusement. Si l'hiver est très froid, elle peut perdre la majeure partie de son feuillage. Un buisson de sauge en fleurs, c'est magnifique ! Alors attendez que les fleurs soient passées pour tailler.
Vous trouverez dans le commerce des variétés de sauge panachées associant plusieurs couleurs ; leur effet décoratif est certain, mais nous ne savons pas si elles ont les mêmes propriétés que la sauge ordinaire.

Il existe également une sauge sclarée (*Salvia sclarea*) ou « toute-bonne ». Cette espèce, à feuilles plus larges et légèrement gaufrées, présente des caractéristiques (culture, récolte, propriétés, utilisations) similaires à celles de la sauge officinale.

RÉCOLTE
Fraîche : presque toute l'année. Pour faire sécher, récoltez, après floraison, des branches entières que vous effeuillerez. La sauge ayant des feuilles épaisses, le séchage doit être mené rapidement, en couches minces et en remuant fréquemment.

PROPRIÉTÉS
« Qui a de la sauge dans son jardin n'a plus besoin de médecin » dit un dicton. Et un autre : « Elle nettoie le sang ». En tous cas, la sauge est un des simples les plus anciens et les plus populaires ; elle est réputée pour relever les forces de l'organisme tout entier. Ses vertus sont nombreuses : elle est tonique, stimulante, stomachique, fébrifuge, diurétique dans ses usages in-

ternes ; résolutive, antiseptique et cicatrisante dans ses usages externes. Elle est conseillée dans les derniers mois de la grossesse, mais c'est une plante anti-laiteuse, à éviter donc après l'accouchement. Elle combat la fièvre et l'hypotension.

UTILISATIONS

- Infusion, dans les cas évoqués ci-dessus.
- Bains de bouche (avec de l'infusion), feuilles froissées sur piqûres d'insectes, bains toniques (avec romarin).
- Crue : hachée dans les salades, à petite dose.
- Cuite : avec les viandes, ragoûts, daubes, pot-au-feu ; dans les farcis, avec les légumes cuits à la vapeur, à l'étouffée ou dans les soupes, ou encore avec les céréales. Bref, un peu dans toute la cuisine. Sans oublier une bonne boisson d'hiver : le vin chaud à la sauge.

Serpolet

Thymus serpyllum

LABIÉES

Vivace
Pot, pleine terre
Hauteur : 10-30 cm
Espacement : 20 cm
Semis : février à mai
Plantation : février à mi-novembre
Récolte : février à novembre

Parmi les sous-espèces de serpolet, notons :
- le thym laineux (*Thymus lanuginosus*) : petite espèce à feuillage gris-vert duveté de blanc. Son intérêt est essentiellement décoratif ;
- le thym citron (*Thymus citriodorus*), que nous traitons plus loin.

CULTURE
Le serpolet est rampant. Il est de plus petite taille que le thym et ses tiges sont plus tendres. Il ne forme pas de branches boisées. Il ornera vos rocailles ensoleillées ; comme ses tiges ont tendance à s'enraciner, vous pourrez le multiplier ou le laisser s'étendre, et à partir d'un pied vous aurez vite un beau tapis. Le seul risque est qu'il soit envahi par les herbes. Il formera aussi de belles potées sur l'appui de votre fenêtre.

RÉCOLTE
Le serpolet sera récolté de préférence le matin, après disparition de la rosée.

PROPRIÉTÉS
Celles du thym, à deux variantes près :
- antiseptique un peu moins puissant ;
- diurétique un peu plus fort.
Associé à l'origan, on le signale comme sédatif respiratoire.

UTILISATIONS
- Le parfum du serpolet est plus léger, moins « piquant »que celui du thym commun, mais les deux plantes s'utilisent de la même façon.
- La grande spécialité du serpolet, en cuisine, est le lapin. Est-ce parce que cet animal en est friand ? Il convient aussi très bien aux poissons grillés.

Tanaisie

Tanacetum vulgare

COMPOSÉES

Vivace
Terrasse, pleine terre
Hauteur : 80 cm à 1 m
Espacement : 80 cm
Plantation : mars à mi-novembre
Récolte des feuilles : avril à décembre
Récolte des fleurs : juillet à septembre
Division du pied : mars à septembre

Au jardin, pensez à la tanaisie : des pulvérisations régulières de décoction (feuilles et fleurs) auraient un effet insectifuge, en particulier pour les mouches de la carotte, du céleri, etc.

CULTURE

La tanaisie est très rustique, décorative... et utile. Elle aime le soleil mais pousse bien à l'ombre. Elle est à l'aise en rocaille mais supporte l'argile.

Une fois implantée, elle gagne peu à peu du terrain et il faut limiter son extension et l'éclaircir, surtout si le volume de terre est réduit (terrasse). Indigène en France, elle résiste à tous les froids hivernaux.

RÉCOLTE

Cueillette des fleurs en juillet-août, par grand soleil. Les feuilles peuvent être récoltées presque toute l'année pour l'usage en frais.

PROPRIÉTÉS

Tout comme pour sa cousine l'absinthe, il faut utiliser la tanaisie à faible dose. Elle est réputée comme vermifuge : une cure d'infusion de graines de quelques jours serait efficace contre l'ascaris et l'oxyure. Elle est tonique et fébrifuge.

UTILISATIONS

– Les feuilles sèches éloignent les puces et les punaises des matelas, les mites des armoires, les puces de la litière des chats ou des chiens.
– En Angleterre, on en parfume le pudding de Pâques.
– Vous pouvez l'essayer, à petite dose, hachée fraîche, dans les salades et crudités, dans les sauces, les plats de viande braisée ou de gibier, les pâtés.
– Vin de tanaisie (tonique) : mettre 80 g de sommités fleuries dans 1,5 l de vin blanc, laisser macérer une semaine, filtrer, laisser reposer une semaine. A boire en apéritif !

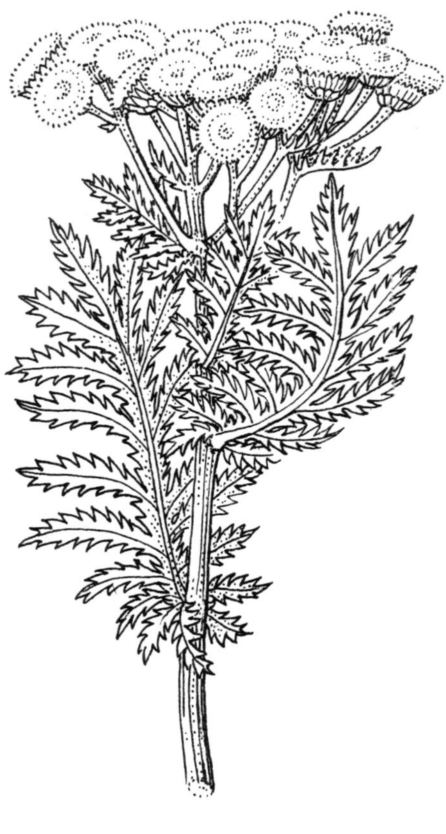

Thym citron

Thymus citriodorus

LABIÉES

Vivace
Pot, pleine terre
Hauteur : 20-30 cm
Espacement : 30 cm
Plantation : mi-mars à octobre
Récolte des feuilles : toute l'année

Le thym citron – variété horticole de serpolet – est une des plantes aromatiques les plus résistantes au froid. Son parfum est caractéristique, qui associe celui du thym et celui du citron. Sa feuille est petite et arrondie et il a tendance à se développer en formant une boule.

CULTURE

Le thym citron est stérile et ne se multiplie que par boutures ou éclats marcottés. Il redoute les terres lourdes, aussi est-il recommandé de l'installer en rocaille.
N'ayez pas peur de l'éclaircir pour aérer et éclairer le centre de la touffe, sinon il se « déplumera » du bas de façon disgrâcieuse.
Attention à l'envahissement par l'herbe, surtout par temps humide.

RÉCOLTE

Il peut vraiment se récolter toute l'année, sauf les jours de fortes gelées, où il ne faut pas toucher le feuillage. Vous pouvez néanmoins en faire sécher un peu en récoltant en début de floraison ou, mieux, à la fin, après avoir profité du spectacle.

PROPRIÉTÉS

Le thym citron n'est guère évoqué dans la littérature médicinale ; ses propriétés devraient être analogues à celles du serpolet et du thym.

UTILISATIONS

Les mêmes que celles du thym. A noter qu'il se marie particulièrement bien avec les poissons et produits de la mer : moules ou coquillages à la poêle, court-bouillon, daurade au four farcie de thym citron (avec ou sans vin blanc sec), poisson grillé (truite, merlan, maquereau), tranches de poisson grillé (lieu, colin), etc. A essayer avec les céréales, les légumes, les viandes en sauce.

Thym commun

Thymus vulgaris

LABIÉES

Vivace
Pot, pleine terre
Hauteur : 20-30 cm
Espacement : 30 cm
Semis : février à avril
Plantation : février à octobre
Récolte : toute l'année
Division du pied : mi-mars à mi-juin et mi-septembre à novembre

Le thym est un puissant antiseptique ; si vous êtes enroué, mâchez lentement, de préférence le matin à jeun, un brin de thym. Cela vous dégagera la gorge et rafraîchira votre haleine.

Vous trouverez deux types de thyms cultivés :
– le thym d'hiver allemand : feuilles vert foncé avec des reflets rougeâtres. Il pousse assez rapidement et dans toutes les terres, et permet des cueillettes fréquentes ; il est plus exigeant en eau que la variété suivante ;
– le thym d'été : feuillage gris-vert ; il pousse plus lentement que le thym d'hiver, et préfère les terres calcaires et sèches.

Les deux types sont très parfumés ; le « thym d'hiver » est préférable pour une utilisation culinaire.

CULTURE

Le thym se multiplie très facilement : semis, boutures, éclats, marcottes. La transplantation de thym sauvage est souvent aléatoire. Si vous adoptez le semis, ne gardez que les plus beaux plants.

Le thym redoute les terres lourdes : aérez bien le sol et allégez-le, si besoin est, avec des cailloux. Pour les potées, utilisez un terreau bien drainé et allégé, et évitez les jardinières à réserve d'eau. Evitez les terrains trop riches : le thym y pousserait très vite, mais risquerait de s'y étouffer ; une terre moyenne, un peu rocailleuse, à bonne exposition, voilà ce qui lui convient le mieux. Si vous paillez, évitez les matériaux acides (copeaux de bois, écorces broyées).

Si votre thym se couche, profitez-en pour laisser ses branches s'enraciner et obtenir ainsi de nouveaux pieds.

Le thym souffre du voisinage de la sauge ; les deux plantes devraient toujours être distantes d'au moins 2 m.

RÉCOLTE

Evitez la « coupe en brosse » ; cueillez des branches entières partant de la base, de façon à garder une touffe bien éclairée. Faites-les sécher en bouquets, comme provision pour l'hiver.

PROPRIÉTÉS

Stimulant, antiseptique, expectorant.

UTILISATIONS

- En infusion, bien sûr, mais aussi en décoction (filtrée), que l'on peut ajouter au bain.
- En bains de vapeur du visage pour empêcher la formation des points noirs.
- Des branches chauffées à sec dans une casserole (mais pas grillées) et appliquées en compresses chaudes soulagent les douleurs rhumatismales, les torticolis.
- On ne compte plus les recettes que le thym parfume. Mais on ne pense pas toujours à l'utiliser dans la cuisine quotidienne : quelques minutes dans des nouilles bien chaudes prêtes à servir ; avec des légumes cuits à l'étouffée ; avec les grillades ; glissé dans un poisson grillé ; avec les moules ou coquillages, etc.

Verveine citronnelle

Lippia citriodora

VERBÉNACÉES

Vivace
Grands pots, pleine terre
Hauteur : 50 cm à plusieurs mètres
Espacement : 60-80 cm
Bouturage : janvier-février et octobre-novembre
Plantation : avril à octobre
Récolte : juin à mi-novembre

Ne pas confondre la verveine citronnelle avec la verveine officinale (*Verbena officinalis*), plante sauvage courante et peu parfumée dont on trouve des graines dans le commerce, et dont la feuille est semblable à celle de la verveine-fleur des horticulteurs (qui en dérive). La verveine citronnelle, originaire d'Amérique du Sud, est stérile sous nos climats.

CULTURE

La verveine citronnelle est vivace mais fragile ; elle ne résiste pas à des températures inférieures à – 6 °C. C'est pourquoi on la cultive souvent en pot.

La culture en pleine terre est possible dans les zones chaudes, contre un mur bien exposé, où elle peut atteindre plusieurs mètres. Pour qu'elle passe mieux l'hiver, on la taille au moment des premières gelées, puis on paille abondamment au pied. C'est une plante très gourmande : bien nourrie et abreuvée, elle peut atteindre deux mètres dès sa première année.

Pour avoir de belles feuilles, ne la laissez pas devenir trop touffue. Mieux vaut ne laisser sur chaque pied que quelques tiges bien droites qui pousseront plus haut et seront mieux éclairées. Pour la culture en pot, prévoyez un grand récipient : au moins cinq litres, et, si possible, dix.

Par temps sec, la verveine citronnelle fleurit précocement, ce qui ralentit le développement du feuillage. Coupez alors les extrémités fleuries et arrosez abondamment.

RÉCOLTE

Au moins deux fois dans l'année : en été et avant les gelées. Pour la récolte d'été, vous pouvez effeuiller sur pied ; la plante poursuivra sa croissance. Autrement, coupez la plante à 5-8 cm du sol et effeuillez pour faire sécher ; dans ce cas, lorsque de nouvelles branches se seront formées, ne laissez que les plus belles.

PROPRIÉTÉS
Stomachique et digestive. Légèrement excitante pour certaines personnes ; on lui préférera alors la marjolaine comme tisane du soir.

UTILISATIONS
- La reine des tisanes, la plus connue et la plus appréciée !
- Traditionnellement, elle n'est guère utilisée que pour les tisanes ou quelques liqueurs de ménage. Mais elle peut parfumer des desserts : crèmes, glaces, bavaroises, garnitures de tartes, biscuits, crêpes et beignets, etc. Avec un peu d'audace, vous pouvez la tester dans des plats salés : volailles ou gibier, porc, poissons..., ou encore dans des recettes de cuisine orientale (encore que celles-ci utilisent normalement la citronnelle du Kenya).

Index

Adresses utiles

FOURNISSEURS DE GRAINES ET PLANTS

Graines Baumaux, 11, rue des Quatre-Églises, 54000 Nancy. (Graines.)

Le Biau Germe, 47360 Montpezat. (Graines de culture biologique.)

J. Felker, route d'Upie, Eurre, 26400 Crest. (Plants de culture biologique.)

Gaec Hortiflor, 49170 Savennières. (Plants.)

Lepage, La Fontaine, chemin des Perrins, 49130 Les Ponts-de-Cé. (Plants.)

Terre de Semences, BP 2, 03210 Saint-Menoux. (Graines.)

Thompson & Morgan, Poplar Lane, Ipswich, Suffolk, Angleterre IP8 3BU. (Graines.)

PRODUITS POUR LE JARDINAGE BIOLOGIQUE

Poudres de roches, lithothamne, algues, engrais organiques, insecticides végétaux, terreaux, etc.

Magellan, ZA Les Landes, 24290 La Chapelle-Aubareil. (Par correspondance.)

Victor le Jardinier, Profertyl, ZI, rue Léon-Foucault, 14200 Hérouville-Saint-Clair. (Par correspondance.)

Cet ouvrage a été achevé d'imprimer en août 1998
dans les ateliers de Normandie Roto Impression s.a.
61250 Lonrai

N° d'imprimeur : 981982
Dépôt légal : août 1998

Imprimé en France